Relations proactives avec les médias

Une perspective canadienne

Relations proactives avec les médias

Une perspective canadienne

3ᵉ édition

Mark Hunter LaVigne

Centennial College Press
Toronto

Traduit en français par Charlotte Blanche, révisé par D. Granger et S. Leney

Centennial College Press
951 Carlaw Avenue
Toronto (Ontario) M4K 3M2
www.centennialcollegepress.com

Formatting: Katie Martinuzzi

Les éditions précédentes de ce livre ont été publiées sous le titre *Making Ink and Airtime*.

ISBN-13: 978-0-919852-76-1

Ce livre est dédié à ma famille professionnelle, la Société canadienne des relations publiques

Table des matières

Préface
William Wray Carney

Les médias d'information canadiens et leurs homologues du monde entier assument une grande part de responsabilité et un pouvoir immense pour stimuler un changement positif dans la société. La pratique des relations avec les médias doit relever le défi de fournir aux médias des informations légitimes, dans le format qui leur convient le mieux, afin d'aider et d'accélérer ce processus... C'est lorsque nous sommes bien informés, conscients et engagés que nous sommes à notre meilleur en tant que communicateurs.

—*Michael Nowlan, ancien président et chef de la direction, Marketwired*

Les commentaires de M. Nowlan concernant les médias et les relations avec les médias demeurent pertinents à ce jour. Cette nouvelle édition de *Relations proactives avec les médias : Une perspective canadienne* a été révisée et mise à jour afin de refléter la nature changeante des médias et des relations avec les médias dans notre pays. Les changements technologiques, les changements au niveau de la propriété et de l'orientation des médias, ainsi que l'avènement des nouveaux médias numériques se produisent tous rapidement et de manière imprévisible. Il devient encore plus important, pour les professionnels des relations publiques, de continuer à s'adapter aux changements et d'être en mesure d'utiliser, au mieux, les nouveaux outils au bénéfice de leurs clients.

L'ouvrage *Relations proactives avec les médias* couvre les bases de la pratique des relations avec les médias et offre un aperçu équilibré des relations avec les médias traditionnels (conférences de presse et communiqués de presse pour la télévision, les journaux et la radio) et du travail avec les médias numériques et les médias sociaux, qui permettent de diffuser le message sur davantage de canaux. Que vous travailliez avec les médias traditionnels ou les nouveaux médias, les principaux éléments des relations avec les médias demeurent les mêmes: définissez votre marché aussi précisément que possible, déterminez les moyens de communication par lesquels celui-ci reçoit l'information, façonnez des messages qui résonnent avec votre public cible, diffusez-les via les médias appropriés et engagez votre public. Contrairement aux autres moyens de communication, les relations avec les médias s'appuient sur une tierce partie indépendante – les journalistes, les rédacteurs en chef et les producteurs – pour faire passer le message. Mark LaVigne se concentre, à juste titre, sur l'établissement et le maintien de la relation entre le journaliste, le rédacteur en chef ou le producteur et le professionnel des relations avec les médias.

Puisque j'ai beaucoup de respect pour l'expérience de travail de Mark, je lui ai demandé de se joindre à Colin Babiuk, son ancien collègue, et moi-même, en tant que coauteur de *In the News: The Practice of Media Relations in Canada* (University of Alberta Press, 3ᵉ édition, 2019).

Les professionnels des relations publiques sont invités à avoir un exemplaire des deux ouvrages. Les points forts de ce livre sont son orientation corporative et nationale et ses études de cas approfondies. *Relations proactives avec les médias* est une lecture rapide qui sera utile au nouveau professionnel qui essaie de travailler efficacement avec les médias, ainsi qu'aux vétérans qui ont besoin d'une référence pratique. Les étudiants et les enseignants le trouveront également fort utile.

Comme beaucoup de professionnels des relations avec les médias, Mark a travaillé à la fois en relations avec les médias et en relations publiques. Il a travaillé comme journaliste à Edmonton,

Calgary et Toronto, ce qui lui a permis d'acquérir une perspective nationale, et il est titulaire d'une maîtrise ès arts en journalisme de l'Université Western Ontario. Il travaille en relations publiques depuis 25 ans, dans un cabinet basé à Toronto. Il enseigne, tout en pratiquant le métier.

Introduction
Daniel Granger, C.M., Fellow SCRP

Je connais Mark LaVigne depuis plus de 20 ans et j'ai eu l'occasion de collaborer avec lui sur des dizaines de mandats pour des clients variés: des entreprises, mais également des OSBL. Mark est un grand professionnel des relations publiques qui possède de fortes valeurs personnelles et une éthique de travail exemplaire. Mais c'est dans son domaine d'expertise, les relations avec les médias, qu'il excelle. Il a pratiqué le journalisme pendant plusieurs années et il connaît très bien le fonctionnement de ces organisations, ainsi que les contraintes et les exigences qu'ont les médias vis-à-vis des journalistes. Il a gardé un grand respect pour leur travail et a développé des amitiés professionnelles durables avec beaucoup d'entre eux, dans plusieurs régions du pays.

Bien qu'il ait fait la transition vers le monde des relations publiques avant l'explosion du Web, il a conservé un intérêt pour le journalisme et a suivi de près l'impact croissant des nouvelles technologies sur le travail des journalistes. Au cours des vingt dernières années, il a mené à bien d'innombrables campagnes de relations avec les médias, parce qu'il connaît et comprend le travail des journalistes et qu'il respecte leur rôle. Toujours soucieux de rigueur et d'honnêteté, il connaît en détail tous les éléments à rassembler pour créer des « nouvelles », afin de susciter l'intérêt de journalistes spécifiques, en fonction du média où ils travaillent et de leurs publics cibles.

Le livre de Mark est un ensemble de bonnes pratiques, une véritable boîte à outils permettant aux jeunes professionnels des relations publiques, ainsi qu'aux plus expérimentés, de collaborer de manière efficace, intelligente et respectueuse avec les journalistes. Nous vivons dans un environnement où les médias traversent une crise profonde depuis près de trois décennies. Le nombre de personnes employées dans les médias a considérablement diminué, mais leur travail reste essentiel pour permettre une communication saine et des débats ouverts et équilibrés qui conduisent au progrès et assurent la qualité de vie de nos sociétés et le bon fonctionnement de nos institutions démocratiques.

Malgré l'impact de la révolution technologique qui a notamment engendré la naissance et l'explosion des médias sociaux, devenus des outils de communication essentiels, Mark reste profondément convaincu de l'importance du journalisme et du rôle essentiel des professionnels des relations publiques pour répondre à leurs besoins et intérêts.

À titre d'exemple concret, Mark a été impliqué, pendant près de deux ans, dans la promotion du pèlerinage « Canot – 2017 », un projet des jésuites du Canada anglais visant à promouvoir la réconciliation entre les peuples autochtones, et canadiens français et anglais. Du 20 juillet au 15 août 2017, les pagayeurs des collaborateurs jésuites ont voyagé des rives de la baie Georgienne aux rives de l'île de Montréal. Au cours des deux années précédant le départ, Mark a élaboré et mis en œuvre un plan de relations avec les médias visant à promouvoir le projet et à communiquer à chaque étape du parcours de cet événement. La couverture médiatique de ce projet a été un défi énorme et complexe que Mark a géré avec soin, en faisant un succès remarquable qu'il aurait été difficile de réaliser en utilisant uniquement les médias sociaux.

Par son expérience professionnelle, ses publications et son rôle au niveau académique dans plusieurs collèges et universités offrant des programmes de relations publiques, Mark contribue remarquablement à la promotion et au développement de la profession des relations publiques au Canada. C'est pourquoi j'ai accepté, avec ma collègue Charlotte Blanche, de collaborer avec lui à la traduction de son ouvrage. Au nom du Collège des Fellows de la Société canadienne des relations publiques, je le remercie de cette contribution.

Relations proactives avec les médias

Que sont les relations publiques et quelle place accordent-elles aux relations avec les médias ?

Les relations publiques (souvent appelées « RP »), une discipline à plusieurs volets, aujourd'hui plus que centenaire, peuvent être décrites comme la plaque tournante des activités de communication de toutes les organisations, qu'elles soient avec ou sans but lucratif, gouvernementales ou non.

Partant de ce centre que sont les relations publiques, se trouve un certain nombre de rayons (lignes de communication) qui fournissent un flux d'information bidirectionnel entre une organisation et ses nombreuses parties prenantes.

Alors que la plupart des gens d'affaires connaissent la publicité (le grand-père des communications marketing), les relations publiques restent relativement mal comprises. Par conséquent, bon nombre de personnes responsables d'initier ou de faire appel à des services de relations publiques ne comprennent pas pleinement le pouvoir de celles-ci, ni ce qu'elles peuvent accomplir pour elles et pour leur organisation.

Les relations publiques sont une communication à double sens qui a lieu entre une organisation et ses nombreux « publics » ou audiences, à la fois internes et externes. Par conséquent, cela va bien au-delà de la simple publicité qui permet de faire couler de l'encre ou de générer du temps d'antenne pour une célébrité ou, dans l'arène politique, de la fabrication de messages qui visent à transformer une mauvaise couverture de presse en une bonne.

Les relations publiques sont proactives et positives, en essayant toujours d'éviter un problème avant qu'il ne survienne. Ceux qui ne comprennent pas les relations publiques pensent qu'elles n'existent que pour résoudre les problèmes ou limiter les dégâts. Il s'agit d'une vision incomplète des relations publiques qui, dans les faits, utilisent la construction de relations avec des parties prenantes comme une tactique essentielle. Des relations publiques efficaces construisent des équipes solides, et facilitent souvent l'atteinte de consensus.

Il existe un nombre important de disciplines au sein des relations publiques, notamment les relations avec les médias, les relations avec les investisseurs, les relations gouvernementales, les relations avec la communauté et les relations avec les employés (internes), pour n'en nommer que quelques-unes.

À mesure que les RP arrivent à maturité, elles s'intègrent de plus en plus aux disciplines traditionnelles de la communication marketing, telles que la publicité et la promotion des ventes. Certains prétendent que les relations publiques sont en train de devenir le moteur stratégique de ces disciplines, d'autant plus que les budgets de communication marketing se sont partagés plus équitablement entre les différentes disciplines depuis plusieurs années.

Bien que certains affirment que la publicité est morte et que les RP renaissent de ses cendres, les relations publiques sont plus efficaces lorsqu'elles sont intégrées à d'autres disciplines de la communication marketing. Dans les faits, une organisation sensible aux relations publiques appliquera son approche RP à tous les niveaux de l'organisation, de l'accueil jusqu'aux portes arrière de l'expédition et la réception des marchandises.

Les relations avec les médias sont l'une des principales disciplines des relations publiques, et sans doute l'une des plus difficiles. C'est l'une des seules disciplines de communication marketing qui doit passer par un « gardien de l'information » ou *gatekeeper* pour atteindre son public cible. La stratégie de relations avec les médias qui permet aux messages-clés de traverser le gardien intact s'applique facilement à d'autres disciplines des communications marketing. Trouver la « valeur médiatique » d'un message implique nécessairement d'éliminer les informations superflues. Cela amène ainsi les organisations à se concentrer sur les informations essentielles.

Les relations avec les médias sont d'autant plus efficaces lorsque les messages-clés sont véhiculés par la publicité et la promotion des ventes et déployés de manière intégrée. Les messages-clés peuvent également être véhiculés par d'autres divisions d'une entreprise, de la vente aux ressources humaines, et encore une fois, de l'entrée à la sortie de l'entreprise.

Les professionnels des relations publiques doivent être les gardiens de la marque d'une organisation, et ce concept de marque n'est pas uniquement réservé aux entreprises du secteur privé axées sur les produits. Le concept de marque (ce qu'est une organisation, ce dont il s'agit, ce qu'elle veut dire), est le cœur d'une organisation, et les relations publiques en sont souvent le protecteur et la conscience.

Les relations publiques se basent aussi sur la vérité. Les journalistes, comme les policiers, développent un instinct pour reconnaître la vérité. Les messages non véridiques ne se faufileront certainement pas très souvent à travers le gardien de l'information, et si cela se produit et qu'on le découvre, l'organisation se trouvera elle-même dans une situation très délicate. La vérité est un outil essentiel dans l'arsenal des relations publiques. Les organisations de professionnels des relations publiques au Canada, telles que la Société canadienne des relations publiques (SCRP), ont adopté des codes de déontologie stricts pour s'assurer que les professionnels des relations publiques protègent les marques de leurs organisations avec intégrité.

Les organisations professionnelles du secteur des relations publiques ont également mis en place des programmes d'accréditation pour enseigner, tester et reconnaître les professionnels de haut niveau. À mesure que la profession évolue, le processus évolue également. La profession est multiforme, dynamique et compte de nombreux professionnels dévoués qui sont impliqués dans de nombreux aspects de la société moderne.

La Société canadienne des relations publiques utilise une définition concise des relations publiques dûment reconnue par l'Alliance globale, l'association internationale des associations de relations publiques, qu'il convient de rappeler ici: « Les relations publiques sont la gestion stratégique, par le truchement de la communication, des liens entre une organisation et ses différents publics afin de favoriser la compréhension mutuelle, de réaliser ses objectifs organisationnels et de servir l'intérêt du public[1]. »

---

[1] Flynn, T., Gregory, F., & Valin, J. (2008). Définition des relations publiques de la SCRP. Récupérée de www.cprs.ca/about/who-we-are

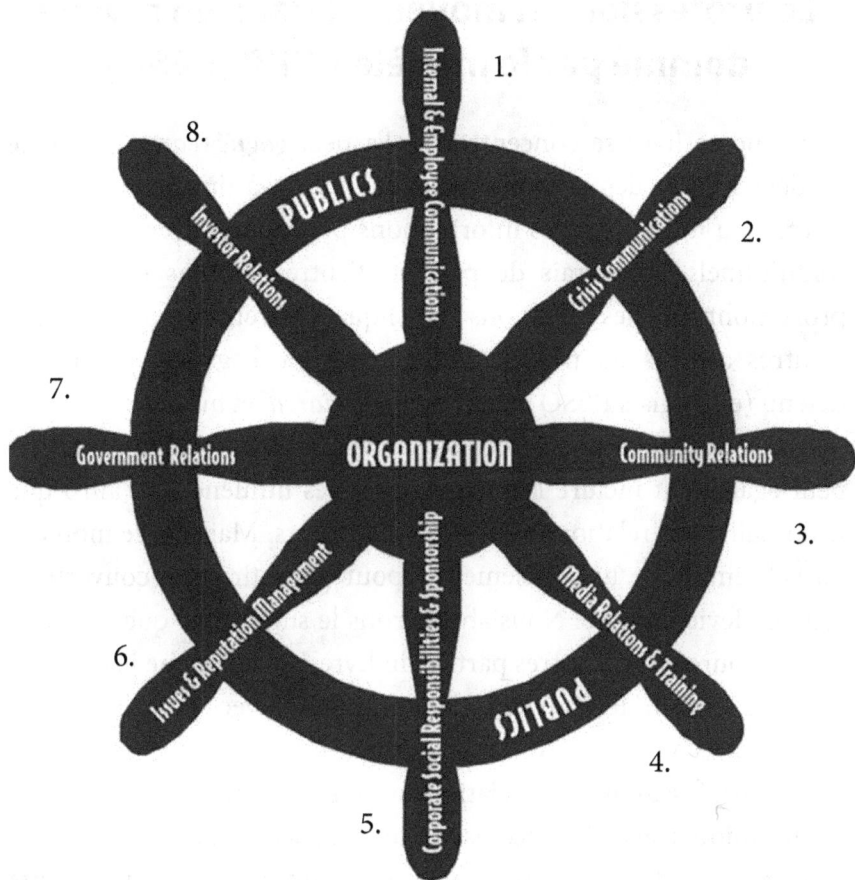

La roue des relations publiques

1. Communication interne et avec les employés
2. Communication en situation de crise
3. Relations avec la communauté
4. Relations avec les médias et formation
5. Responsabilités sociales des entreprises et parrainage
6. Gestion des enjeux et de la réputation
7. Relations gouvernementales
8. Relations avec les investisseurs

Le professionnel moyen vit dans un monde dominé par le modèle PGPD (PESO)

Bien que ce livre se concentre sur l'aspect *gagné* (*earned*, dans le modèle PESO) des relations publiques, c'est-à-dire lorsque nous offrons ou négocions des informations pertinentes avec les médias traditionnels, sans frais de part et d'autre, de plus en plus de professionnels des relations publiques gèrent simultanément d'autres aspects du modèle PGPD, soit payé, gagné, partagé et détenu (en anglais PESO : *paid, earned, shared,* et *owned*).

Dans la catégorie des médias *gagnés*, le transfert d'information peut également inclure les blogueurs et les influenceurs, ainsi que le domaine des relations avec les investisseurs. Mais dès le moment où cela implique un « paiement » pour garantir cette couverture, celle-ci devient *payée*. Nous aborderons le sujet, ainsi que l'éthique qui l'entoure dans d'autres parties du livre, mais dès que le contenu devient payant, il convient de l'indiquer, avec une variété de descripteurs, tels que « contenu commandité ».

Un professionnel des relations avec les médias peut également communiquer avec les médias via les médias sociaux, et il se peut d'ailleurs que de jeunes journalistes ne communiquent que de cette manière. Le transfert d'information via ces canaux d'information, que ce soit Facebook, Instagram ou autre, relève du domaine du *partage* (*shared*, dans le modèle PESO).

Il est également fort probable que les professionnels des relations avec les médias transforment les communiqués de presse en articles courts ou de fond, afin de les utiliser sur le site Web du client, dans son bulletin d'information, son magazine d'entreprise et même dans des brochures. Il s'agit alors de médias *détenus* (*owned media*, dans le modèle PESO).

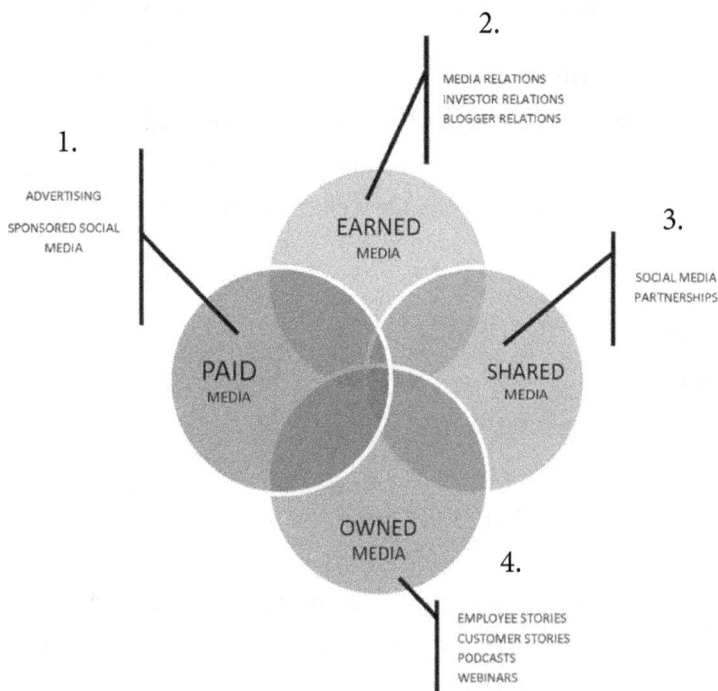

1.

ADVERTISING
SPONSORED SOCIAL
MEDIA

2.

MEDIA RELATIONS
INVESTOR RELATIONS
BLOGGER RELATIONS

3.

SOCIAL MEDIA
PARTNERSHIPS

EARNED
MEDIA

PAID
MEDIA

SHARED
MEDIA

OWNED
MEDIA

4.

EMPLOYEE STORIES
CUSTOMER STORIES
PODCASTS
WEBINARS

1. MÉDIAS PAYÉS
- Publicité
- Contenu commandité sur les médias sociaux

2. MÉDIAS GAGNÉS
- Relations avec les médias
- Relations avec les investisseurs
- Relations avec les blogueurs

3. MÉDIAS PARTAGÉS
- Partenariats sur les médias sociaux

4. MÉDIAS DÉTENUS
- Histoires concernant des employés
- Histoires concernant des clients
- Podcasts
- Webinaires

Le modèle PGPD (PESO) a été introduit par Gini Dietrich dans son livre *Spin Sucks* (2014). Le modèle met l'accent sur l'importance du secteur dans lequel les quatre types de médias se chevauchent.

La pratique des relations publiques

Après avoir travaillé pendant des décennies en tant que consultant en relations avec les médias et pendant cinq ans en tant que journaliste, j'en suis venu à la conclusion que cinq paramètres de base conditionnent la réussite des relations avec les médias. Ceux-ci sont :

- Contenu
- Contexte
- Accès à l'organisation
- Réponse proactive
- Relations entretenues avec les médias

Le contenu doit être écrit de manière précise, en mettant l'accent sur les faits et en évitant les hyperboles. Celui-ci doit être construit sur un support électronique et transmis aux médias sur un « plateau numérique ». La surcharge d'information que subissent les journalistes de même que les innombrables fusions dans l'industrie des médias font en sorte qu'ils ont très peu de temps pour rechercher ou passer au crible des informations (inutiles), afin d'y découvrir des nouvelles.

Le contexte place les nouvelles de votre organisation dans le va-et-vient des nouvelles du jour. Cela inclut également le moment, qui doit être opportun, en particulier par rapport à ce qui se passe ailleurs dans le monde.

L'accès à l'organisation est très important. Les médias d'information fonctionnent selon un échéancier beaucoup plus serré, en comparaison à la réactivité habituelle des entreprises. Un journaliste radio a besoin de l'information ou de l'entrevue demandée dans l'heure qui suit et non le lendemain, la télévision en a besoin l'après-midi même, au plus tard, et les médias imprimés, en milieu d'après-midi et parfois jusqu'en début de soirée.

Une réponse proactive est essentielle pour créer un flux d'information à double sens entre l'organisation et les médias. Plus une organisation est proactive au fil du temps, moins la réaction des médias en cas de crise sera grave. Si les médias connaissent votre organisation comme étant transparente et honnête après y avoir facilement eu accès durant des années, le pire moment d'une crise (la phase « que cachent-ils ? ») pourra se voir atténué, ou du moins minimisé.

Les relations entretenues avec les médias vont de pair avec l'accès à l'organisation. Au fil du temps, si votre organisation et les professionnels des relations publiques ont été ouverts et honnêtes avec les médias, cet accès et cette honnêteté auront contribué grandement à accroître la crédibilité de votre organisation et à faire en sorte qu'elle figure sur la liste des priorités d'un journaliste. Si vous répondez à leurs besoins en information, à long terme, vous générerez une couverture pour votre organisation.

Comment les relations avec les médias aident-elles le plan marketing ?

Vous êtes le chef de produit ou le directeur marketing responsable de la commercialisation d'un nouveau produit; disons, un nouvel appareil de haute technologie.

Vous avez un budget limité pour promouvoir le nouveau produit, par exemple 20 000 $, et vous vous demandez ce qui vous donnera le meilleur rendement pour votre argent : les relations avec les médias ou la publicité ?

À ce jour, votre planification stratégique a parfaitement satisfait aux critères « nouveau », « meilleur », « différent », avec un créneau identifiable, des publics cibles clairement définis et un point de différenciation fort par rapport à vos concurrents. Bref, votre produit possède un avantage stratégique.

Vous souhaitez avoir la possibilité de faire à la fois de la publicité et des relations avec les médias. Vous avez constaté l'efficacité de campagnes intégrées dont le budget est dix fois supérieur au vôtre.

Vous avez des données de recherche qui indiquent clairement quel média votre public cible consomme. Vous réalisez que vous ne pouvez tout simplement pas obtenir le nombre souhaité de passages de vos segments publicitaires sur les canaux de diffusions visés, et qu'acheter de la publicité imprimée à la fréquence et à l'échelle que vous jugez nécessaires pourrait être assez difficile.

Alors, quelle valeur les relations avec les médias peuvent-elles apporter ?

Tout d'abord, un professionnel expérimenté des relations avec les médias vous aidera à percevoir votre produit du point de vue des médias. Votre réflexion stratégique doit être axée sur ce que verront un rédacteur en chef et/ou un journaliste indépendant. En bref, où est la vraie histoire ? Dans quel contexte est-ce que cela s'inscrit ? Qu'est-ce que votre produit a à offrir à son public ? Il est impératif de développer ce type de messages stratégiques, afin que ceux-ci aient une chance d'être acceptés par les responsables du contenu journalistique, les gardiens de l'information, pour se rendre jusqu'au public souhaité qui est votre cible ultime.

Les relations avec les médias sont l'une des rares disciplines de communication marketing à passer exclusivement par un tel gardien. Mais c'est dans ce fait que réside sa vraie valeur. Étant donné que le gardien est chargé d'informer son public avec de l'information tierce relativement impartiale, cette information est considérée comme beaucoup plus crédible par le public que ne le serait une publicité. Alors que le développement des technologies évolue de manière exponentielle, les journalistes réalisent qu'il est important d'aider leurs publics à prendre des décisions cruciales en matière d'acquisition de technologies. À bien des égards, l'opinion du journaliste est semblable à celle d'un membre de la famille, d'un voisin ou d'un ami de confiance.

L'objectif ultime d'une bonne communication marketing est de générer un bouche-à-oreille favorable grâce à des essais de produits. C'est exactement ce qu'est une bonne couverture médiatique : du bouche-à-oreille d'une source fiable, comparable à un membre de la famille, à un voisin ou à un ami qui a essayé le produit et qui nous confirme qu'il est bon. Faites des médias une partie intégrante (si ce n'est le cœur) de votre stratégie d'essais de produits et de bouche-à-oreille. Assurez-vous simplement de fournir des quantités suffisantes du nouveau produit pour les essais médias.

De nombreux professionnels du marketing comparent la couverture médiatique à ce qu'il en coûterait pour obtenir un certain temps d'antenne ou d'espace publicitaire similaires.

Il est primordial de se rappeler qu'on ne peut acheter de couverture éditoriale; ce n'est pas à vendre. C'est d'ailleurs pour cette raison que le contenu éditorial a une crédibilité beaucoup plus grande auprès du public que le contenu d'une publicité.

Déterminer combien de fois le contenu éditorial est plus crédible nécessiterait beaucoup plus d'espace que celui dont nous disposons, afin de traiter de manière franche et complète la question. Cela nécessiterait beaucoup plus de travail du côté de l'industrie des relations publiques, afin de développer des paradigmes empiriques endossés par le milieu académique qui permettent d'évaluer la véritable valeur d'une impression. Rappelez-vous que les relations avec les médias, contrairement à la publicité, ne se limitent pas à comptabiliser les impressions; elles constituent une étape majeure dans l'établissement de relations à long terme avec les gardiens qui contrôlent l'accès à vos publics cibles.

L'état des médias d'information et l'« espace de l'actualité »

L'une des premières règles en matière de relations avec les médias est de connaître le média auquel on s'adresse. Lorsque vous connaissez bien l'environnement dans lequel les journalistes doivent travailler, vous êtes plus en mesure de comprendre les délais avec lesquels ils doivent composer et leurs points de vue, ce qui améliore votre capacité à les rejoindre avec votre nouvelle ou votre communiqué de presse.

Au cours des dernières décennies, les médias d'information, en particulier les journaux, les magazines, les stations de radio et les chaînes de télévision du secteur privé, ont subi les mêmes bouleversements économiques que beaucoup d'autres organisations privées. La mondialisation, la récession, les fusions nationales et multinationales et les révolutions technologiques ont considérablement affecté le côté commercial des médias, provoquant des bouleversements dans les salles de nouvelles à travers le pays.

Les ordinateurs et les réseaux informatiques ont fait en sorte que les nouvelles puissent désormais être rapportées par un nombre réduit de personnes comparativement à il y a dix ou vingt ans, alors que ces mêmes technologies ont augmenté de manière exponentielle la quantité d'informations disponibles pour la diffusion. Par conséquent, il y a plus de nouvelles qui doivent être traitées, par moins de gens. Ira Basen, de chez CBC, fait partie de ceux qui suivent ces tendances de près.

En outre, un changement important au niveau des revenus publicitaires, qui sont passés de la publicité de masse à un marketing en ligne beaucoup plus ciblé, a considérablement réduit les revenus publicitaires disponibles pour la majorité des organisations de presse de masse du secteur privé. Quel impact cela a-t-il pour quiconque soumet un reportage ou un communiqué de presse ? L'« espace de l'actualité », dans lequel des informations proactives peuvent être placées, a considérablement rapetissé.

Parmi les autres tendances, citons un changement démographique au niveau des journalistes et des rédacteurs. De nombreux journalistes, ceux qui ont survécu aux récessions, aux fusions et à la réduction du personnel due à l'arrivée des technologies, occupent leur poste depuis plus longtemps. Le taux de roulement du secteur des médias est généralement élevé, mais dans les grands marchés de presse tels que Montréal ou Toronto, les mouvements sont moins nombreux qu'ils ne l'ont jamais été, en partie à cause du nombre limité d'emplois disponibles. Il faut désormais environ dix ans au journaliste moyen pour être promu dans les principaux marchés. Une fois arrivés en poste, les conditions économiques obligent ces journalistes à conserver leur emploi, plutôt que de passer à d'autres postes éditoriaux. En raison de ces facteurs, les journalistes sont plus âgés, plus intelligents, généralement mieux éduqués et plus cyniques que leurs prédécesseurs. Le cynisme engendre souvent un manque de confiance, rendant la génération actuelle de journalistes plus méfiante et plus redoutable que jamais.

Dans la quête d'une audience plus importante et pour attirer des fonds publicitaires aujourd'hui en baisse, le journalisme

« tabloïd » ou « sensationnaliste » gagne en popularité. Le journalisme tabloïd a tendance à être sensationnel, à manquer d'équilibre et à être controversé. Ce type de journalisme s'est répandu des tabloïds de supermarchés comme le magazine 7 Jours ou *National Enquirer* et devrait éventuellement infecter les nouvelles de la radio et des journaux quotidiens plus sérieux.

Exemples spécifiques de surcharge informationnelle

- Marc Saltzman, l'un des journalistes technologiques pigistes les plus prospères au Canada, reçoit plus de 300 courriels par jour.
- Dans un sondage réalisé en 2005, Ipsos Reid a révélé que 61 % des journalistes d'affaires préfèrent le courriel comme moyen de communication, contre 18 % qui préfèrent les appels téléphoniques et 6 % les télécopies. De plus, 28 % ont déclaré, sans détour, qu'un appel téléphonique n'est *pas* la façon à privilégier pour les contacter.

Le marché canadien des nouvelles: un aperçu rapide

- Concentration de la propriété.
- Impasse sur l'autoroute électronique.
- Selon Ipsos Reid, les journalistes professionnels reçoivent 150 communiqués de presse par semaine, dont seulement 18 % sont utilisés; 19 invitations à des conférences de presse par mois, dont la moitié est confiée à un journaliste; 60 rapports annuels par an, dont seulement 16 % sont utilisés rapidement; et 20 dossiers de presse par mois, dont seuls 19 % sont utilisés.

La barrière de presse

Une « barrière de presse » a toujours existé entre la publicité et l'éditorial (les ramasseurs de nouvelles), dans la plupart des médias. Les journalistes sont formés pour littéralement mordre la main qui les nourrit, c'est-à-dire pour se méfier des annonceurs qui, dans les faits, paient une partie de leurs salaires. Dans la radiodiffusion publique, cette relation est encore plus antagoniste.

Les radiodiffuseurs publics, tels que TV Ontario (TVO), ne comptent généralement pas sur la publicité (CBC television est une exception) pour la majeure partie de leurs revenus et ont donc un préjugé anti-secteur privé ancré encore plus profondément que leurs homologues des médias privés. Certaines des émissions les plus critiques vis-à-vis des organisations du secteur privé sont diffusées sur des réseaux publics. Les forces économiques et démographiques influençant les médias du secteur privé décrites précédemment sont ancrées encore plus profondément dans ce secteur. Les compressions effectuées par le gouvernement ont déstabilisé la radiodiffusion publique et continueront probablement de le faire dans les années à venir.

Dans les plus petits médias du secteur privé, tels que certains magazines spécialisés ou stations de télévision, la « barrière de presse » est plus fine que dans les marchés principaux. Toutefois, dans les médias d'importance les mieux établis, cette barrière peut être aussi infranchissable qu'un abri anti-bombes.

Néanmoins, beaucoup de journalistes soupçonnent souvent les relations proactives avec les médias du secteur privé (par exemple, un lancement de produit) d'être une « publicité voilée ». Une réponse commune des médias est la suivante: « Si vous voulez acheter de la publicité, vous devriez aller voir mes collègues au fond du corridor ». Dans les situations réactives, les médias soupçonnent généralement les représentants du secteur privé de « mentir » ou de vouloir cacher quelque chose. Vous êtes considéré comme étant coupable jusqu'à preuve du contraire devant le tribunal de l'opinion médiatique.

Vous pouvez vous demander: « Pourquoi devrais-je même m'en soucier ? Pourquoi ne pas simplement dire « aucun commentaire » jusqu'à ce qu'ils partent ? »

La réponse est simple; ils ne partiront pas et vous serez jugé par contumace devant le tribunal de l'opinion médiatique. En outre, vous allez rater une opportunité importante; celle de vous défendre correctement, de mettre les choses au clair, et de faire passer des messages positifs à propos de votre organisation.

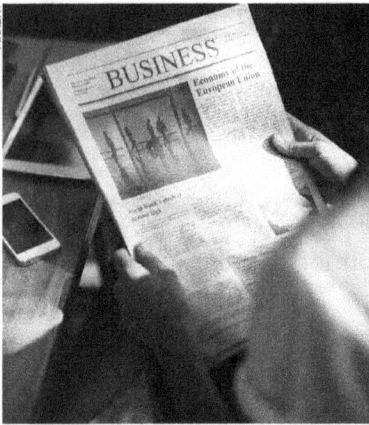

Relations proactives et réactives avec les médias

Il existe généralement deux types d'opportunités médiatiques: les relations avec les médias qui sont proactives et celles qui sont réactives.

Des relations proactives avec les médias impliquent généralement de s'adresser aux médias de manière proactive, habituellement pour des articles positifs, mais parfois aussi pour des articles négatifs. Les raisons d'un tel contact couvrent toute la gamme des communications proactives, notamment les lancements de nouveaux produits ou services, les relances de produits, les nominations, les fusions, dans le cadre d'efforts de lobbyisme plus vastes, voire même des réorganisations.

Les méthodes pour contacter les médias peuvent inclure l'envoi de communiqués de presse, les médias sociaux, des événements spéciaux, des conférences de presse, des communiqués de presse audio et vidéo, des tournées de presse et des réunions téléphoniques ou personnelles avec des journalistes avec lesquels vous avez noué des relations professionnelles ou personnelles.

C'est vous qui tenez les rênes. Vous vous adressez aux médias quand vous êtes prêt, au moment que vous avez choisi, et généralement en fonction de votre objectif.

Les relations réactives avec les médias impliquent généralement que les médias s'adressent à vous, la plupart du temps dans un contexte négatif, tels que des licenciements, des rappels de produits, une réorganisation, des performances médiocres en bourse, des problèmes de réglementation spécifiques au secteur, ou des activités illégales au sein de l'organisation. Ce type de relations avec les médias est souvent appelé *communication de crise*. Nous aimons appeler cela des *communications de réponse en cas de crise*, car vous devriez être prêt à faire face à ce genre de situation lorsqu'elle se présente.

L'intérêt d'une nouvelle

Dans le domaine des relations proactives avec les médias, une « liste de contrôle » a été développée pour vous aider à déterminer si la nouvelle que vous voulez proposer aux médias vous-même, ou par l'intermédiaire d'un professionnel des relations publiques est digne d'intérêt.

Que signifie une nouvelle « digne d'intérêt »?

Les journalistes et les rédacteurs en chef sont essentiellement des conteurs. Une nouvelle « digne d'intérêt » signifie qu'il s'agit d'une « bonne histoire ». Il existe des critères généraux pour déterminer ce qui constitue une nouvelle qui sont décrits dans les pages suivantes. Cependant, les nouvelles choisies par chaque organisation médiatique dépendent de sa compréhension de ce que son public veut.

Qu'est-ce que l'actualité ?

Parmi toutes les activités qui se déroulent partout, les journalistes et les rédacteurs choisissent ce qui fera partie de l'*actualité*. Ils décident de ce qui est digne de la une du journal, de la couverture d'un magazine ou ce qui fera partie de la douzaine de reportages qui paraissent dans les journaux télévisés.

Leurs décisions sont fondées, dans une certaine mesure, sur des considérations pratiques. Par exemple, lorsqu'une chaîne de télévision enregistre une vidéo, cette histoire a beaucoup plus de chances d'être couverte dans le journal télévisé que si l'équipe de tournage n'a pas eu le temps de se rendre là où avait lieu l'action.

Pour qu'une nouvelle fasse partie de l'actualité, les médias doivent avoir l'impression que celle-ci pourra toucher l'esprit ou le cœur du public, car elle possède au moins l'une des sept caractéristiques suivantes:

- Impact
- Proximité
- Moment opportun
- Importance
- Conflit
- Nouveauté
- Intérêt humain

Si on n'y retrouve aucune de ces caractéristiques de manière évidente, vous disposez d'information et non d'une nouvelle.

Que signifie « créer la nouvelle »?

« Créer la nouvelle » signifie de convaincre les médias de la valeur d'une nouvelle. Il en résulte une couverture médiatique positive générée par un professionnel des relations publiques, plutôt que par des personnes ou des actions échappant au contrôle d'une organisation.

Souvent, mais ce n'est pas toujours possible, un bon professionnel des relations publiques peut essayer de créer des nouvelles à partir d'informations, en trouvant des moyens de mettre de l'avant l'une des sept caractéristiques d'une nouvelle abordées plus haut. Parfois, par exemple, l'information peut devenir plus opportune et plus importante, en la reliant à plusieurs initiatives similaires se déroulant ailleurs (on parle parfois de « donner un angle » à une histoire).

Un professionnel des relations publiques expérimenté connaît le marché des médias, le type d'histoires recherchées par la radio, la télévision et la presse écrite, sait si une histoire est locale ou plus large et connaît le format dans lequel chaque média souhaite recevoir les informations.

Quelques règles générales: la télévision aime l'action, les médias imprimés aiment les détails et la radio se situe quelque part entre les deux, en fonction de l'organisation médiatique et de l'émission. Le fait que des médias aient assisté à un événement ne garantit aucunement une couverture. Les communiqués de presse doivent être brefs et rédigés dans un style simple et déclaratif (de préférence, à la manière de La Presse Canadienne, l'agence de presse nationale du Canada) pour être plus efficaces et éviter de déclencher des fous rires dans la salle de nouvelles.

Les avantages qui découlent du fait d'essayer de créer une nouvelle sont tempérés par l'incertitude qui y est associée: une fois que vous abordez un sujet avec les médias, rien ne garantit qu'il sera couvert; ou, s'il est couvert, que l'histoire vous sera favorable.

De toute façon, comme les journalistes feront des histoires négatives s'ils le souhaitent, quand nous avons une bonne histoire à raconter, en parler vaut presque toujours le coup.

Quelle est mon histoire ? Pourquoi quiconque devrait-il s'en soucier ?

Pour déterminer si une information peut être transformée en une nouvelle digne d'intérêt, le test décisif consiste à répondre, en une phrase, à chacune de ces deux questions.

À moins qu'une des sept caractéristiques d'une nouvelle d'actualité ne soit bien présente, vous feriez mieux d'oublier cela. Votre information n'est pas digne d'intérêt. Attendez d'avoir quelque chose d'intéressant.

La chose la plus importante que tout professionnel des relations publiques puisse faire avec les médias est de développer de bonnes relations avec eux. Cela vaut également pour les organisations qui cherchent à faire passer une nouvelle. L'important, c'est que les médias considèrent votre professionnel des relations publiques et votre organisation comme des sources fiables d'information. Ne perdez pas leur temps en prétendant que des informations ennuyeuses constituent des nouvelles. Chaque jour, ils reçoivent des centaines de communiqués de presse, de messages vocaux et de courriels de professionnels des relations publiques en lice pour un espace d'actualité de plus en plus restreint. Pour faire concurrence, vous avez besoin d'avoir du bon matériel.

Même si les médias promettent de venir à votre événement ou de publier votre communiqué de presse, il se peut qu'ils ne puissent pas. Votre histoire sera peut-être mise de côté pour une nouvelle qui présente plus d'intérêt. Nous connaissons des directeurs de l'information ou des rédacteurs en chef qui disent « oui » à tout, qui affirment vouloir assister à un événement ou publier un communiqué de presse, alors qu'ils n'ont pas l'intention de le faire, simplement pour se débarrasser des professionnels des relations publiques aussi vite que possible.

Une fois que vous avez une bonne histoire, il arrive souvent que les relations proactives avec les médias dépendent en grande partie du moment qui doit être opportun, et parfois même, de la chance. Vous ou vos professionnels des relations publiques n'avez aucun contrôle sur les catastrophes naturelles ou autres, ni sur d'autres histoires importantes qui peuvent survenir, à tout moment, et venir réduire encore davantage l'espace de l'actualité déjà limité.

L'intérêt médiatique d'une nouvelle

De nombreux journalistes considèrent que les nouvelles négatives ont plus d'intérêt médiatique que les nouvelles positives, car ces dernières se produisent plus souvent que les nouvelles négatives, qui sont donc plus rares et plus remarquées. La rareté favorise donc la couverture médiatique. Par exemple, dans certaines villes des États-Unis, les meurtres sont si fréquents que, hormis les cas particulièrement horribles, ils sont rarement couverts dans l'actualité quotidienne.

Souvent, les médias se concentrent sur des histoires négatives, car ils sont toujours à l'affût des tendances. Si vous surveillez de près les médias, vous remarquerez qu'après un désastre majeur, ceux-ci rapporteront avec un intérêt accru les désastres ultérieurs similaires, mais mineurs, dans le but de dégager une tendance.

PIXABAY

Un projecteur sur l'actualité

Nous aimons décrire les médias comme un projecteur itinérant. Le projecteur va fixer un sujet pendant un moment, puis s'en éloigner, puis y revenir.

Si les médias mettent l'accent sur une question qui est proche de votre organisation, soyez prêt; il se peut qu'ils viennent frapper à votre porte. Inversement, les tendances de la couverture médiatique peuvent être utilisées à votre avantage.

Souvent, les articles d'intérêt national ont besoin de l'avis des parties prenantes concernées que ce soit pour une agence de presse, telle que La Presse Canadienne, ou pour un journal national à la recherche d'un point de vue local.

Le suivi de l'actualité médiatique et la recherche sont très importants si vous souhaitez rester au courant des tendances dans les médias et suivre le projecteur médiatique. Il est préférable d'investir temps et argent dans une telle intelligence médiatique que de recevoir un appel un jour de la part d'un journaliste d'un journal national ou d'un réseau de radio posant des questions très difficiles.

D'où viennent les nouvelles ? Comment et à quel moment les décisions les concernant sont-elles prises ?

Les journalistes sont des professionnels non agréés, mais qui sont, en général, socialement responsables. Par « non agréés », nous entendons qu'il n'existe aucun ensemble de critères permettant d'entrer ou de pratiquer le métier. Il n'y a pas de Collège des journalistes ou de Société du journalisme du Haut-Canada pour autoriser les journalistes à pratiquer le métier. Il n'y a pas d'équivalents aux examens du Barreau. En fait, les journalistes sont convaincus que toute forme de contrôle professionnel mettrait en danger la liberté de presse. Pour cette raison, il se peut que le journalisme n'évolue jamais du niveau de « métier » à celui de véritable profession.

Le niveau de formation académique des journalistes varie, mais ils sont aujourd'hui de plus en plus scolarisés. Si les plus vieux journalistes ont appris leur métier en le pratiquant, la vaste majorité des nouveaux journalistes professionnels détiennent une formation universitaire en journalisme ou dans un autre domaine. Certains d'entre eux ont même une double formation universitaire.

Les nouvelles proviennent d'un grand nombre de sources: comme mentionné précédemment, la technologie joue un rôle majeur. En général, les services de nouvelles vont des fils de presse payants (pour lesquels les clients paient au mot afin que leurs communiqués de presse soient transmis électroniquement dans des salles de nouvelles à travers le pays ou dans le monde entier) à des agences de presse, telle que La Presse Canadienne, qui distribuent les nouvelles aux journaux et aux agences de diffusion membres. Parmi les autres agences de presse à travers le monde, citons l'Associated Press (États-Unis) et l'Agence France-Presse (France).

La plupart des salles de nouvelles des grands marchés ont accès à tous ces services.

Les nouvelles proviennent également de professionnels des relations publiques sous une forme ou une autre, de manière proactive ou réactive. Certaines études suggèrent que jusqu'à 75 % des informations diffusées dans un journal quotidien, à la radio ou à la télévision, ont au minimum passé entre les mains d'un professionnel des relations publiques, si elles n'ont pas carrément été conçues par eux.

Les organisations médiatiques rassemblent également leurs propres informations, générées par les « sources » du journaliste ou du rédacteur en chef, ou même par les conseils des lecteurs ou des membres de leur public. Les organisations médiatiques ont également de nombreux rythmes ou façons de faire de base où les journalistes et les rédacteurs en chef couvrent tout, du quartier général de la police à l'hôtel de ville, de la législature locale à certaines industries spécifiques.

Les membres du personnel de la plupart des organisations médiatiques se réunissent au moins une fois par jour pour décider de ce qui sera couvert dans l'actualité du jour (chaîne de nouvelles). Les réunions pour la presse écrite ont généralement lieu le matin, celles pour la radio ayant lieu le plus tôt (généralement avant 9 heures) et celles pour la télévision, le plus tard (souvent juste avant le diner). La radio est maintenant considérée principalement comme un média d'information de début de matinée (avant 9 heures), la télévision comme un média de soirée, et les journaux étant généralement lus entre les deux, bien que tous les médias se battent également pour l'instantanéité en ligne. Le format de diffusion entièrement dédié aux nouvelles attire également un public tout au long de la journée.

Lors des réunions pour la presse écrite, les rédacteurs attribuent des sujets de reportages aux journalistes. Les journalistes suggèrent souvent des histoires; selon notre expérience, ces suggestions seront généralement acceptées ou rejetées en quelques secondes, soit à peu près le même temps qu'il aura fallu au professionnel des relations publiques pour « *pitcher* » son histoire potentielle à un journaliste.

Les échéanciers dictent le fonctionnement de la salle de nouvelles. Pour les quotidiens, les heures de tombée sont le soir avant la date de publication. Les journalistes de La Presse cessent leurs activités vers 19h30, sauf exception. Au besoin, ils peuvent insérer un article plus tard parce que La Presse+ et LaPresse.com sont des outils digitaux diffusés exclusivement sur le web. D'abord imprimés, le Journal de Montréal, comme le Journal de Québec et le Devoir, sont des médias où les journalistes doivent compléter leur travail avant 18 h pour permettre le montage et l'impression, en vue d'une distribution à compter de 5 h le matin.

Les journalistes du *Globe and Mail* terminent généralement leur travail vers 18 h, parce que le journal est transmis par satellite pour être imprimé à l'échelle nationale. L'heure de tombée du *Toronto Star* est fixée à 22 h et celle du *National Post* (également distribué à l'échelle nationale comme le Globe), est généralement à 17 h. La radio et La Presse Canadienne ont les délais les plus serrés (généralement une heure avant la diffusion). À la télévision généraliste, ils souhaitent recevoir les nouvelles au moins une heure avant les bulletins de nouvelles de 12 h, de 18 h et de fin de soirée. Cependant, avec les chaînes de nouvelles en continu, comme RDI, LCN ou autres, ainsi que les nouvelles disponibles en ligne sur les sites de tous les médias, ces exigences d'impression et de diffusion sont de moins en moins respectées, parce que les journalistes veulent généralement publier le plus rapidement possible et le font sur les sites internet de leurs médias respectifs avant de les reprendre dans la version imprimée.

Différents publics cibles et leurs habitudes médiatiques

Tant pour les communicateurs externes qu'internes, il n'y a jamais eu autant d'audiences diversifiées vers lesquelles cibler les messages, ni autant de canaux de diffusion pour le faire. Bien que les dates exactes qui encadrent les divers groupes générationnels soient parfois contestées – par exemple, les derniers baby-boomers sont-ils nés en 1964 ou en 1965? – il reste néanmoins utile d'explorer les habitudes médiatiques de certains des groupes suivants:

- Baby-boomers (nés entre 1946 et 1964): 9,6 millions au Canada en 2017 et 80 millions aux États-Unis.
- Génération X (nés entre 1965 et 1976): 2,8 millions au Canada et 51 millions aux États-Unis.
- Génération Y/Millénariaux (nés entre 1977 et 1995): 9,1 millions au Canada et 75 millions aux États-Unis.
- Génération Z ou nouvelle génération silencieuse (nés en 1996 et après): 7,3 millions au Canada et 23 millions aux États-Unis (en croissance rapide)[2].

Le *Center for Generational Kinetics* (CGK), basé à Austin, au Texas, a effectué de nombreuses recherches sur ces différents groupes. Le CGK note qu'une personne née au cours des trois premières ou dernières années d'une génération partagera probablement les caractéristiques du groupe voisin. Bien entendu, d'autres facteurs entrent également en ligne de compte,

---

[2] Statistique Canada, "Generations in Canada." Récupérée de http://www12.statcan.gc.ca/census-recensement/2011/as-sa/98-311-x/98-311-x2011003_2-eng.cfm. Voir aussi Center for Generational Kinetics, "Info about Generations." Récupérée de http://genhq.com/faq-info-about-generations/.

notamment l'âge des parents, la localisation urbaine ou rurale, le niveau d'instruction et le statut économique.

Bien que d'autres sources aient indiqué que l'année 2000 a été le moment déterminant pour les Millénariaux, CGK soutient que cette affirmation est incorrecte, car le moment décisif pour cette génération a été les attaques terroristes du 11 septembre 2001.

Trois tendances clés façonnent les groupes générationnels: la parentalité, la technologie et l'économie. Par exemple, selon CGK, de nombreux baby-boomers souhaitent que les choses soient plus faciles pour leurs enfants. Cette attitude a à son tour contribué à créer et à renforcer le sentiment que « tout leur est dû » de la génération Y, ce qui est bien sûr un sujet chaudement débattu!

La génération des Millénariaux est devenue la plus grande génération de main-d'œuvre en Amérique du Nord et la génération de consommateurs dont la croissance est la plus rapide sur le marché. C'est pourquoi elle retient beaucoup l'attention de nos jours.

La génération la plus récente, la génération Z, ne partage pas un moment marquant avec la génération Y. Comme nous l'avons noté, pour les Millénariaux, le 11 septembre 2001 a été un moment déterminant, alors que de son côté, la génération Z, née en 1996 ou plus tard, n'a que de vagues souvenirs d'enfance, si ce n'est aucun souvenir, de cette journée fatidique.

La société de marketing WJ Schroer a fourni des informations supplémentaires sur les différentes générations, bien que sa démarcation soit différente de celle de CGK[3].

Leurs recherches divisent les baby-boomers en deux groupes, soit les boomers I et les boomers II (qu'ils appellent également « génération Jones »), en raison du décalage de 20 ans qui existe entre les membres les plus âgés et les plus jeunes du groupe. Les boomers I ont vécu des événements historiques importants, tels

[3] WJ Schroer, "Generations X, Y, Z and the Others." Récupérée de http://socialmarketing.org/archives/generations-xy-z-and-the-others/.

que les assassinats de Kennedy et King, le Mouvement des droits civiques et la guerre du Vietnam. Pour leur part, les boomers II (ou génération Jones) n'ont rien vécu de tout cela. Toutefois, ils ont eu le scandale du Watergate, des luttes économiques, dont l'embargo pétrolier de 1979, le sida, et ils ont souffert de l'ombre des boomers I qui avaient les meilleurs emplois, les meilleures opportunités, les meilleurs logements, etc. C'est d'ailleurs une expérience que les boomers II partagent avec la génération X, et même avec la génération Y, dans une certaine mesure.

Les boomers II ont été les premiers à être exposés à l'informatique pour un usage personnel, mais seulement à l'âge adulte.

La génération X, selon la société, est la « génération perdue », la première génération des « enfants à clé », exposés à la garderie et au divorce. Cette génération est extrêmement sceptique, possède la participation électorale la plus faible et est la mieux éduquée. Les membres de la génération X ont également été les premiers à grandir avec l'ordinateur personnel, bien que l'usage qu'ils en ont fait était plutôt primitif, en comparaison à celui fait par les groupes suivants.

La génération Y, également connue sous le nom de Millénariaux ou Écho boomers, sont les enfants des boomers II qui sont devenus, comme nous l'avons mentionné, un très grand groupe, presque aussi grand que les boomers eux-mêmes. Ils sont considérés comme sophistiqués, à la fine pointe de la technologie et à l'abri de la plupart des argumentaires de marketing et de vente traditionnels. Ils sont plus diversifiés sur le plan racial et ethnique. Ils ont une grande influence sur les achats familiaux et, certains diront même, sur les tendances de la communication, un sujet qui nécessite des études plus approfondies. Les boomers II ont adopté les nouvelles technologies pour pouvoir communiquer avec leurs enfants, qu'il s'agisse de Skype, des messages texte ou des médias sociaux.

La génération Z, qui a grandi avec les dernières technologies, est connue sous le nom de « génération mobile ». On doit supposer que la terreur, qu'elle soit nationale, internationale, sur Internet ou même l'expérience de catastrophes naturelles, est l'influenceur historique de cette génération. Une étude plus approfondie de ce groupe est nécessaire.

Un article de 2016 paru dans *Food in Canada* divise encore plus la génération Z, la séparant en deux groupes, soit la génération We et la génération Z, en se basant sur des recherches menées par le groupe de communication mondiale *Zeno*. Explorant les différences entre les générations, l'article cite une recherche d'*Environics* qui indique que la génération X possède le revenu annuel moyen par ménage le plus élevé au Canada, avec 102 000 $, comparativement à 71 000 $ pour la génération Y et 98 000 $ pour les baby-boomers (dont certains sont maintenant à la retraite). Les autres données démographiques relatives à la génération X révèlent que 74 % des personnes occupent un emploi à temps plein et 65 % vivent avec des enfants[4].

L'article cite également la recherche d'Ipsos Reid qui décompose les baby-boomers en deux groupes : les « baby-boomers de la fin de la période » (âgés de 52 à 60 ans en 2017), qui représentent 16 % de la population canadienne, et les « baby-boomers du début de la période » (âgés de 61 à 69 ans en 2017), qui représentent 11 % de la population.

Il existe une autre sous-génération digne de mention appelée les Xénniaux, selon le site Web australien *MamaMia5*[5]. Ce sont des Millénariaux plus âgés, nés entre 1977 et 1983, qui ont grandi sans

---

[4] Rebecca Harris, "Who's Eating What?" Food in Canada, juin 2016. Récupérée de https://www.foodincanada.com/features/whos-eating-what/.

[5] Ryan Girdusky, "Older millennials abandon 'millennial' term, don't want to be associated with snowflakes," Red Alert Politics, le 1 julliet 2017. Récupérée de http://redalertpolitics.com/2017/07/01/old-millennials-abandon-millennial-term-dont-want-associated-snowflakes/.

jeux vidéo, mais qui sont devenus fervents de technologie numérique à l'âge adulte.

Les recherches suggèrent également que la génération X passe plus de temps sur les médias sociaux et consomme davantage de médias en général, passant près de sept heures par semaine sur les médias sociaux, par rapport aux Millénariaux qui y passent une heure de moins. Les données suggèrent que les baby-boomers, quant à eux, n'y passent que quatre heures par semaine. La génération X consacre 32 heures par semaine à naviguer à travers les différents médias, contre 27 heures pour la génération Y et 20 heures pour les baby-boomers. Fait intéressant, les données recueillies par la société de recherche *Neilsen* suggèrent que les femmes passent davantage de temps sur les médias sociaux que les hommes, y consacrant 25 % de leur temps en ligne, contre 19 % pour les hommes[6].

Un article récent de *Business2Community.com* qui cite des données de *BuzzPlant* sur la consommation de médias par génération fournit des informations supplémentaires:

- La génération Z abandonne Facebook: 25 % l'ont quitté, seulement en 2014.
- 32 % des adolescents aux États-Unis déclarent qu'Instagram est leur plateforme préférée de médias sociaux.
- 32 % de la génération Z aimeraient que les marques les atteignent par courriel.
- 87 % des Millénariaux utilisent Facebook et ce sont eux qui ont le nombre moyen d'amis le plus élevé sur la plateforme.
- 43 % des membres de la génération Y souhaitent que les marques les atteignent par courriel.

---

[6] Ana Veciana-Suarez, "Gen-Xers spend more time on social media than millennials, report shows," Toronto Star, le 2 février 2017. Récupérée de https://www.thestar.com/life/health_wellness/2017/02/02/gen-xers-spend-more-time-on-social-media-pages-than-millennials-report-shows.html.

- La génération des Millénariaux pense que le contenu généré par les utilisateurs est 50 % plus fiable et 25 % plus mémorable que le contenu de marque.
- Alors que 48 % de la génération X ont un compte Twitter, moins de la moitié sont des utilisateurs actifs.
- Plus d'un utilisateur sur trois de Pinterest fait partie de la génération X.
- 40 % des utilisateurs de la génération X préfèrent visionner du contenu en ligne sur des ordinateurs portables et 25 % des acheteurs en ligne appartiennent à la génération X.
- 84 % des baby-boomers ont un compte Facebook, soit un peu moins que la génération des Millénariaux.
- 58 % des baby-boomers visitent le site Web d'une entreprise après avoir vu une marque sur les médias sociaux.
- 41 % des baby-boomers ont un compte Pinterest.

Il est intéressant de constater qu'il y a une différence au niveau du moment de la journée où les différents groupes générationnels consomment des données en ligne, selon une analyse des habitudes de consommation en ligne de *Fractl and Buzzstream*[7]. Les baby-boomers préfèrent consommer du contenu du début de la matinée à la fin de l'avant-midi (entre 5 h et midi), alors que les Millénariaux et la génération X préfèrent accéder à du contenu entre 20 h et minuit.

Selon l'étude, il existe également un clivage générationnel en ce qui concerne les appareils utilisés. Les baby-boomers préfèrent les ordinateurs de bureau et les ordinateurs portables, à l'instar de la génération X, tandis que la génération Y est la principale utilisatrice des téléphones mobiles. Néanmoins, environ 25 %

[7] Amanda Walgrove, "Infographic: How Millennials, Gen Xers, and Boomers Consume Content Differently," Contently, le 19 mai 2015. Récupérée de https://contently.com/2015/05/19/infographic-how-millennials-gen-xers-and-boomers-consume-content-differently/.

seulement utilisent les appareils mobiles comme principal moyen de connexion en ligne, tandis que la plupart utilisent encore des ordinateurs de bureau et des ordinateurs portables, la majorité du temps.

Toutes les générations classent les articles de blogue comme leur type de contenu préféré, et conviennent également que les images, les commentaires et les livres numériques arrivent aux rangs suivants. En 5e place, les Millénariaux préfèrent les livres audios (et peut-être les podcasts ?), tandis que la génération X préfère les études de cas, et les baby-boomers, les critiques.

Environ 60 % de chaque groupe utilisent Facebook pour partager du contenu. Le deuxième réseau le plus populaire est YouTube, mais seulement 10 % des répondants à l'enquête ont déclaré avoir utilisé YouTube pour partager du contenu. Ensuite, les boomers utilisent le plus souvent Google+, les membres de la génération X préfèrent Twitter et les Millénariaux, quant à eux, préfèrent Instagram et Tumblr.

Toutes les générations utilisent les médias traditionnels et numériques à divers degrés, tout au long de la journée. Bien que les Millénariaux soient plus enclins au numérique, ils comptent toujours sur les médias traditionnels pour rester informés.

Fait intéressant, au moins une étude réalisée en 2015 par la société allemande de recherche sur le marché *GfK* a démontré que l'écart entre la consommation de médias des baby-boomers et celle des Millénariaux n'était pas aussi important qu'on ne le pense souvent :

Les boomers ont consommé en moyenne seulement 3,4 % de plus de magazines que les Millénariaux.

Les Millénariaux n'ont passé que sept heures de plus en ligne chaque semaine par rapport à leurs homologues baby-boomers.

Concernant le comportement sur Internet, encore une fois, il y avait plus de similitudes dans les habitudes de consommation que de différences. Par exemple, 40 % des baby-boomers utilisent

Facebook régulièrement, contre 48 % de la génération X et 51 % des Millénariaux.

La génération Z est la génération la plus récente avec un pouvoir de consommation émergent, mais les données de recherche restent rares. Selon un article sur *Business2Community.com* qui s'appuie sur les découvertes de Google et d'Ipsos, cette génération n'a aucune idée de ce qu'était l'activité quotidienne avant les téléphones intelligents, les achats en ligne et les médias sociaux[8]. Une étude de *CNN* a révélé que certains utilisateurs âgés de 13 ans consultent leurs comptes de médias sociaux jusqu'à 100 fois par jour[9].

Cette génération préfère garder sa vie privée « privée », contrairement à certaines générations précédentes, avec 56,4 % d'utilisateurs de Snapchat. Snapchat leur permet d'interagir avec les marques qu'ils aiment sur le plan personnel et de magasiner en ligne s'ils voient une annonce qui leur plaît, tout en leur permettant de garder leurs partages privés. Ils préfèrent deux fois plus communiquer avec les gens par le biais de messages texte que d'interagir avec des gens en personne. En fait, près de trois adolescents sur 10 disent qu'ils envoient des messages textes aux personnes qui sont physiquement présentes avec eux. Bien qu'ils aient accès à plusieurs appareils, les téléphones intelligents dominent et sont les appareils les plus utilisés par les 13 à 17 ans : 53 % d'entre eux utilisant leurs téléphones intelligents pour effectuer leurs achats. Ils regardent deux fois et demie plus de vidéos en ligne que de télévision : 71 % d'entre eux visionnant plus de trois heures de vidéos en ligne chaque jour.

---

[8] Arik Hanson, "The Evolving Media Consumption Habits of Gen Z–and What they Mean for Communicators," Business2Community, le 25 novembre 2016. Récupérée de https://www.business2community.com/trends-news/evolving-media-consumption-habits-gen-z-mean-commu- nicators-01708850.

[9] Le programme est archivé, avec des matériaux complémentaires, à https://www.cnn.com/specials/us/being13.

Des études plus approfondies sont nécessaires sur les relations entre les générations (telles que celles établies entre un parent boomer et sa progéniture Millénariale) influencent le choix des méthodes de communication.

Les données de l'étude selon lesquelles les articles de blogue sont la forme de communication préférée de tous les groupes, avec une limite de 300 mots avec images intégrées, fournissent un indice aux communicateurs sur les tactiques pouvant toucher plusieurs générations. Le fait que cette forme de communication soit traditionnellement écrite dans un style d'actualité standard contribue peut-être à aplanir les différences générationnelles.

Comment ces différences générationnelles affectent-elles le Canada multiculturel et les médias consommés par les divers groupes ethnoculturels des grandes villes du Canada, lesquelles seraient les plus multiculturelles au monde ? De façon anecdotique, on pourrait supposer que les écarts de générations sont plus grands et que les habitudes de consommation des médias, en particulier chez les groupes de générations plus âgés, diffèrent des modèles de consommation traditionnels en Amérique du Nord. Par exemple, les journaux chinois en format papier, ainsi que ceux d'autres langues sont en plein essor, tandis que les quotidiens de langue anglaise se débattent pour survivre. Il y a certainement de la place pour plus de recherche ici.

Relations avec les médias au Québec et au Canada français

Le Canada est bien sûr un pays bilingue, et les professionnels des médias et des relations publiques doivent en être conscients. Pour les professionnels anglophones, le marché québécois pose de nombreux défis, notamment ceux de s'assurer que les traductions sont bien faites et de prêter attention aux nombreuses différences socioculturelles.

Qu'est-ce que le Canada français ?

Le Canada français se réfère à une réalité basée sur de fortes racines historiques. « Canadiens français » désigne généralement les descendants des colons français arrivés en Nouvelle-France aux 17e et 18e siècles. Aujourd'hui, il y a des Canadiens français dans plusieurs provinces, mais le Québec est la seule province qui compte une vaste majorité de citoyens francophones qui s'identifient comme des « Québécois et Québécoises ».

La *Loi sur les langues officielles,* qui est entrée en vigueur en 1969, accorde à l'anglais et au français un statut égal dans toutes les activités et tous les services fournis par le gouvernement fédéral partout au pays. Le bilinguisme officiel est le terme utilisé pour décrire les politiques, les dispositions constitutionnelles et les lois qui donnent à l'anglais et au français un statut juridique équivalent devant les tribunaux canadiens, le Parlement et d'autres institutions fédérales. La *Loi constitutionnelle de 1982* fournit des garanties détaillées pour l'égalité de statut des deux langues officielles dans la *Charte canadienne des droits et libertés.*

Le Canada français aujourd'hui

Le français est la langue maternelle de plus de sept millions de Canadiens (22 % de la population totale), dont la majorité vit au Québec, où ils représentent environ 80 % de la population. Le français est la langue officielle au Québec depuis l'adoption de la *Charte de la langue française* par l'Assemblée nationale en août 1977.

Plus d'un million de francophones vivent dans d'autres provinces du pays. Au Nouveau-Brunswick, ils représentent le tiers de la population de cette province officiellement bilingue. Le Manitoba et l'Ontario ont d'importantes communautés francophones, tandis que des collectivités plus petites se retrouvent en Alberta, en Nouvelle-Écosse et en Saskatchewan. Le nombre et la variété des institutions qui soutiennent ces communautés sont généralement liés à leurs tailles respectives et/ou à leur poids politique.

Bien que le français parlé varie un peu d'une région à l'autre, avec certains « dialectes régionaux », tous les francophones se comprennent facilement.

Les deux formes de français les plus reconnues au Canada sont le français québécois et le français acadien (répandu dans les provinces maritimes).

Qu'en est-il du Québec ?

La vitalité économique du Québec repose sur plusieurs facteurs, dont des ressources naturelles abondantes, une énergie hydroélectrique abondante et peu coûteuse, une main-d'œuvre hautement qualifiée, instruite et multiculturelle, un réseau de formation collégial et universitaire reconnu, ainsi que des industries innovantes et dynamiques dans plusieurs domaines, dont les technologies de l'information, le multimédia, les sciences de la vie et l'aérospatiale.

Le Québec est la plus grande province canadienne en superficie et la deuxième en population avec environ 8,4 millions d'habitants. Le Québec est une société majoritairement francophone et la défense de sa langue et de sa culture teinte toutes les politiques de la province.

Les Québécois vivent principalement dans le sud de la province, dans des villes situées le long du fleuve Saint-Laurent. Montréal, la deuxième plus grande ville du Canada, et Québec, la capitale de la province, sont les deux plus grandes régions métropolitaines.

Le Québec accueille plus de dix millions de touristes par année et figure parmi les destinations touristiques les plus attrayantes au Canada et en Amérique du Nord.

Le Québec a été très présent sur la scène sportive canadienne avec les 24 victoires de la Coupe Stanley des Canadiens de Montréal, les sept championnats de la Coupe Grey de la LCF des Alouettes de Montréal, les 10 Coupes Vanier du club de football Rouge et Or de l'Université Laval et plusieurs champions olympiques, dont Alexandre Despatie (plongée), Clara Hughes (patinage de vitesse, cyclisme), Alexandre Bilodeau (ski acrobatique), Jasey-Jay Anderson (snowboard), Charles Hamelin (patinage de vitesse) et Jennifer Heil (ski acrobatique).

Le Québec a également développé une identité culturelle et artistique forte grâce à son emplacement à la croisée des chemins entre l'Europe et l'Amérique du Nord, à l'influence de plusieurs traditions autochtones et à sa diversité culturelle. Seule société majoritairement francophone d'Amérique du Nord, le Québec est très attaché à sa langue et à sa culture.

Le Québec a produit de nombreux artistes reconnus à l'échelle internationale, dont le Cirque du Soleil, Céline Dion, Robert Lepage, Luc Plamondon, Richard Desjardins, Leonard Cohen, Rufus Wainwright, Simple Plan, Oscar Peterson, Oliver Jones et Arcade Fire. Dans l'univers du cinéma, plusieurs réalisateurs se sont démarqués au sein de l'industrie mondiale du cinéma, dont Denis Villeneuve, Xavier Dolan, Denys Arcand, et Jean-Marc Vallée.

En ciblant les Québécois, il faut veiller à ce que le porte-parole du Québec soit quelqu'un qui résonne auprès du public visé – un personnage culturel pour une campagne culturelle, une personnalité sportive pour une campagne ciblant les consommateurs de bière et les boissons gazeuses, etc.

Au-delà de la langue française

Ne pas communiquer avec les Québécois dans leur propre langue est une erreur fatale.

Communiquer avec le Québec et les autres régions francophones du Canada ne signifie pas simplement traduire un communiqué de presse, traduire un texte ou diffuser une voix hors champ en français. Puisque les différences québécoises sont culturelles et non seulement linguistiques, il faut être très à l'écoute de cette culture pour bien comprendre ce public cible et adapter les stratégies et les messages en conséquence.

Les Québécois accordent plus d'attention à la nourriture et à tout ce qui offre un mode de vie sain et équilibré. Ils consomment beaucoup plus de médias audiovisuels que les Ontariens et sont beaucoup plus fidèles à leurs racines culturelles dans ce qu'ils visionnent. Les dix meilleures émissions de télévision au Québec y sont produites. Les Ontariens, en revanche, ont tendance à préférer les émissions produites aux États-Unis. En général, les Québécois pratiquent plus de sports d'hiver et d'activités de plein air et voyagent beaucoup moins à l'extérieur de leur province pour le plaisir que les Ontariens.

Cette même mise en garde devrait s'appliquer aux autres communautés francophones du Canada, même si elles ont tendance à vivre, à se développer et à se comporter comme des groupes minoritaires dans un univers principalement anglophone. Ces communautés s'attendent à ce que leurs différences soient respectées, même si elles sont plus habituées à recevoir des documents traduits directement de l'anglais.

Une autre étude comparant la publicité au Canada anglais et au Québec a révélé des différences intéressantes dans les messages et les tactiques utilisés par les entreprises. Les annonces en langue française ont tendance à être plus émotives que celles en anglais, qui ont tendance à être plus informatives[10].

Selon plusieurs sondages, les Québécois ont tendance à privilégier le rôle du gouvernement pour assurer des services (santé, éducation, services sociaux, justice, etc.) accessibles à tous les citoyens. Ils ont tendance à accorder moins de valeur à l'individualité et aux réalisations personnelles que leurs homologues ailleurs au pays. Cela dit, les Québécois partagent beaucoup de valeurs avec les Canadiens anglophones.

Dans la mesure du possible, il est préférable d'embaucher des conseillers en relations publiques qui sont sur place, que ce soit à Montréal, à Québec ou ailleurs dans la province. La traduction de l'anglais au français des documents d'une campagne doit être réalisée par une personne ayant une connaissance intime des valeurs du public ciblé et une connaissance des particularités régionales. Généralement, il est préférable de créer un message original plutôt qu'une traduction littérale, compte tenu des différences entre les auditoires. Quoi qu'il en soit, vous devriez prévoir cette étape dans votre échéancier, en ajoutant idéalement une semaine pour que cela se fasse correctement.

En ce qui concerne les relations avec les médias dans un marché francophone, les messages devraient être transmis, autant que possible, par un porte-parole francophone ou bilingue local et un numéro de téléphone local doit être inclus. Les techniques de relations avec les médias ont évolué. Comme partout au pays, les journalistes ont des attentes élevées à l'égard des professionnels des relations avec les médias, notamment quant à la connaissance de leur dossier et du média auquel ils s'adressent.

Si possible, les messages provenant de sources extérieures doivent être validés et même testés, surtout s'ils portent sur des

[10] Michel Laroche et al., "Cultural Differences in Environmental Knowledge, Attitudes, and Behaviours of Canadian Consumers," Canadian Journal of Administrative Sciences 19:3 (2002): 267–282.

sujets sensibles. Ils peuvent être vérifiés par des groupes de discussion ou d'autres méthodes de recherche.

Le Canada est l'un des pays les plus multiculturels de la planète et ses trois plus grandes régions urbaines (Toronto, Montréal et Vancouver) comptent parmi les plus multiculturelles au monde. Les communautés les plus importantes ont comme langues maternelles le chinois, le coréen, l'espagnol et les langues sud-asiatiques, avec des médias correspondants qui sont dynamiques. Lorsque cela est possible, en termes de budget et de pertinence, les relations avec les médias devraient également être menées dans ces langues.

Que vous cibliez des Canadiens qui parlent le français, l'anglais ou d'autres langues, il est essentiel d'effectuer des recherches spécifiques sur votre marché pour que votre campagne soit une réussite.

Préambule aux listes de médias

Consacrez les fonds et le temps nécessaires pour définir votre public cible avec soin, car connaître son public cible est primordial.

Les médias d'information traditionnels, tels que les quotidiens, les hebdos et les réseaux de radio et la télévision rejoindront souvent plusieurs de vos publics cibles. Mais ne négligez pas les nombreux médias spécialisés, tels que les magazines en versions imprimées et numériques, les émissions de télévision locales, les chaînes spécialisées, les bulletins électroniques, les blogues et les podcasts qui peuvent atteindre plus directement votre ou vos publics cibles.

Assurez-vous que vos messages soient dans un format multimédia qui s'adapte à la télévision, à la radio et aux médias imprimés et en ligne, afin que votre message parvienne à votre public cible par une variété de canaux.

Souvent, une campagne intégrée qui envoie des messages de contenu éditorial (c'est-à-dire, les nouvelles) peut être amplifiée ultérieurement par de la publicité. Diffuser de la publicité dans les plus petits médias est moins coûteux. C'est encore un autre moyen de rejoindre votre public cible avec vos messages.

Comment construire une liste de médias ?

La première étape de la création d'une liste de médias est stratégique; il s'agit de déterminer qui vous voulez viser avec votre message. Les publics cibles souhaités sont souvent variés. Vous devez donc les définir clairement avant de commencer à créer votre liste de médias.

La prochaine étape consiste à contacter une variété de fournisseurs qui vendent des listes de médias et peuvent les personnaliser selon vos besoins. Les offres de produits incluent la vente de listes générales ou spécialisées ou des abonnements à un service de bases de données. Ces services sont indispensables pour une campagne réussie de relations avec les médias.

Il est toujours judicieux d'acheter des listes provenant de différentes sources, en particulier si vous débutez dans un nouveau créneau médiatique. Pour vous assurer que votre liste de médias est aussi complète que possible, prévoyez d'appeler et de confirmer vous-mêmes les informations auprès des principaux médias.

La stratégie optimale est de diffuser les nouvelles de plusieurs manières en parallèle. Il est recommandé de combiner la diffusion directe par courriel à partir de votre propre fournisseur d'accès Internet (avec votre nom dans le courriel) avec l'utilisation d'un fil de presse payant et la livraison par poste ou messager de documents papier. Vous vous assurerez ainsi que les médias ciblés voient votre message. Lors de l'achat de listes de médias, assurez-vous qu'elles contiennent des numéros de téléphone, des courriels (les meilleurs sont ceux qui vont directement aux journalistes et non aux boîtes de réception générales) et des adresses postales.

Enfin, vous devriez continuellement mettre vos listes à jour. Restez à l'affût des courriels qui rebondissent, car ils vous avertissent que vous avez des informations erronées ou que votre message a été arrêté par un filtre antipourriel. De plus, ne sous-estimez jamais la puissance d'un coup de téléphone à la réception du média.

Planification des relations avec les médias: l'étude de cas

Les plans sont la base de l'étude de cas, un outil que je recommande vivement aux professionnels d'intégrer le plus tôt possible dans leur carrière. À son tour, l'étude de cas est au cœur d'un bon bilan. Les points saillants d'un tel bilan sont les messages-clés et, bien sûr, le budget. Le budget est primordial. Faites de votre mieux pour obtenir les paramètres de la part de vos clients internes ou externes.

Enfin, rassemblez ou effectuez autant de recherches que possible sur les publics cibles pertinents. Tout commence par là. Une fois que les publics cibles sont déterminés et développés autant que possible, des communications pour les rejoindre par le biais de médias ciblés peuvent avoir lieu.

Structure d'une proposition

Une proposition de campagne de relations avec les médias (destinée à un client externe ou interne) comprendra généralement les éléments suivants:

- Préambule/introduction
- Objectifs ou buts (construits en fonction de paradigmes de mesure)
- Analyse de la situation ou considérations stratégiques
- Messages-clés
- Publics cibles
- Marchés cibles
- Médias cibles
- Stratégies recommandées
- Tactiques recommandées
  - Recommandations pour le site Web
  - Formation médiatique
  - Distribution électronique du communiqué de presse
  - Relations proactives/réactives avec les médias
  - Distribution d'articles prêts à être utilisés
  - Suivi de la couverture médiatique/bilan final
- Échéancier
- Préambule de l'estimation des coûts (expliquer les frais et les dépenses)
- Estimation budgétaire
- Biographie

Les avantages intangibles de la formation médiatique

Outre préparer des messages-clés stratégiques et se pratiquer à les livrer devant une caméra, la formation médiatique offre d'autres avantages qui sont plus intangibles.

Tout d'abord, la partie théorique d'une bonne formation en relations avec les médias contribue à améliorer la connaissance et le respect des médias chez les dirigeants d'entreprises ou d'organisations. Comprenant mal leur rôle, les dirigeants peuvent se méfier des journalistes ou les voir comme des agents de promotion de leurs messages ou de leur entreprise. Apprendre aux dirigeants la différence entre la publicité et le contenu éditorial, ainsi que le rôle et le pouvoir des médias d'information, favorise le développement de meilleures relations. Expliquer qu'un achat publicitaire ne garantit pas une couverture médiatique sur les projets ou les activités de l'entreprise, même dans un petit magazine, est souvent très éclairant pour certains dirigeants.

Inversement, une fois que les dirigeants ont compris le concept de « l'information en tant que produit », ils ont tendance à mieux comprendre leur rôle dans cette relation bidirectionnelle. La pratique devant la caméra des messages-clés et de questions-réponses générales réduit la peur, favorise la modestie, ainsi qu'une meilleure compréhension du monde des médias. Autoriser les dirigeants en formation à interroger leurs collègues et à jouer au journaliste les aide à mieux comprendre le rôle joué par les médias et les défis auxquels ils sont confrontés. Cela permet également de mieux identifier les enjeux informationnels potentiels, car en général, personne ne connaît mieux une entreprise que les dirigeants eux-mêmes, y compris toutes les facettes qui peuvent poser problème.

La formation médiatique peut également rehausser considérablement la réputation des responsables internes des relations avec les médias et de leurs fonctions, en démontrant aux porte-paroles potentiels à quel point l'art et la science des relations avec les médias sont complexes et que la réussite d'une opération de relations avec les médias est un heureux mélange de contenu intéressant, d'accès à l'organisation, de moment opportun et de contexte. La formation peut devenir une bonne opportunité d'expliquer en détail le protocole de relations avec les médias et de démontrer comment une violation de ce protocole peut mettre un frein à une carrière. Cela permet également de présenter l'équipe interne ou externe responsable des relations avec les médias à l'équipe de direction/du porte-parole et de travailler ensemble toute la journée, d'apprendre à se connaître et de respecter les rôles, les responsabilités, les opportunités et les défis de chacun.

L'un des plus grands irritants pour les professionnels des relations avec les médias et pour les médias eux-mêmes est la lenteur des réponses aux demandes d'entrevues ou d'information. Certes, les dirigeants des organisations du secteur privé ou public sont aussi inondés de courriels, de messages vocaux, de documents et par tous les autres canaux d'information que les médias, mais souvent, les dirigeants ne comprennent pas les délais rapides avec lesquels les médias doivent composer. Ils ne comprennent pas la vitesse à laquelle une chose cesse d'être une « nouvelle », ni la vitesse à laquelle les médias risquent de perdre tout intérêt pour une activité de relations proactive ou d'être frustrés lorsqu'il s'agit d'une activité réactive. L'expérience de formation médiatique, lorsque celle-ci est menée de manière proactive et dans un esprit de coopération, peut également servir d'exercice de consolidation d'équipe. L'expérience de la caméra peut rassembler un groupe, car elle peut être aussi intimidante que de grimper sur un mur ou d'escalader un pont de corde, ou que d'autres exercices populaires de consolidation d'équipe. La formation aux médias rassemble souvent des dirigeants avec une expérience moyenne à sénior qui proviennent de différentes divisions et qui ne se voient que lors de conventions de ventes ou de rassemblements sociaux liés au travail.

Plusieurs dirigeants que j'ai formés en relations avec les médias m'ont confié avoir appliqué avec succès certains des conseils théoriques et pratiques en matière de relations avec les médias à d'autres publics, tels que des adolescents à problèmes ou des départements de service à la clientèle peu réceptifs. Et nous savons tous à quel point certains publics, autres que les médias, peuvent être difficiles!

Nous sommes formés, dès notre plus jeune âge, à toujours « répondre à la question » lorsque cela est demandé par des enseignants, des parents ou d'autres personnes en situation d'autorité. Toutefois, l'interface organisation/média est un flux d'information bidirectionnel, l'information étant une marchandise pour les médias. Vous trouverez ci-dessous des questions que vous êtes en droit de poser au journaliste avant de vous engager dans une entrevue, si vous n'avez pas accès à un conseiller en relations publiques. Si vous y avez accès, vous pouvez ignorer les questions intrusives; si un journaliste contourne le conseiller en relations publiques (ce que certains peuvent essayer de faire), référez-le à la personne ressource appropriée, conformément au protocole.

Questions précédant l'entrevue

- Dans quelle section du journal ou dans quelle émission de télévision ou de radio, sur quelle plateforme de médias sociaux ou sur quel site Web le reportage sera-t-il diffusé ?
- L'entrevue sera-t-elle utilisée dans l'immédiat ou dans le cadre d'un reportage ou d'un dossier plus long ?
- Quel est le but de l'entrevue et quand sera-t-elle diffusée/publiée ?
- Quel est l'angle de l'entrevue et du reportage que vous préparez ?
- L'entrevue sera-t-elle en direct ou enregistrée (pour diffusion uniquement)?
- Combien de temps durera l'entrevue et où voulez-vous qu'elle se déroule ?
- Qui est précisément le public cible ?
- Auprès de qui d'autre allez-vous faire une entrevue sur le sujet ?
- Quelle est votre date limite ?
- Quels sont votre numéro de téléphone et votre adresse courriel, afin que je puisse vous répondre ?

Recensez les médias afin de vérifier les antécédents du journaliste et de son média, son attitude et le traitement qu'il réserve aux personnes interrogées.

Conseils pour les entrevues

- Suivez une formation médiatique et mémorisez vos messages-clés et vos déclarations.
- Ne dites jamais rien qui soit « off-the-record » et soyez prudent quand vient le temps de fournir des informations de « fond ». Cependant, dans certains cas, le fait de travailler avec des ententes de confidentialité et de non-divulgation peut être avantageux pour les deux parties.
- Ne dites jamais « pas de commentaires ». Essayez plutôt de dire quelque chose tel que : « Lorsque j'aurai plus d'informations, je serai mieux à même de répondre ».
- Passez en revue la couverture de presse récente sur le sujet de l'entrevue, afin d'être le mieux informé possible.
- Prenez votre temps avant de répondre aux questions. Les pauses peuvent devenir un outil utilisé à votre avantage.
- Respectez la règle des citations de moins de 10 secondes.
- Enregistrez votre entrevue, si possible.
- Si vous ne connaissez pas la réponse, admettez-le. Promettez au journaliste que vous lui fournirez la réponse plus tard, si possible.
- Si une question est négative, ne répétez pas la question; répondez toujours de façon positive.
- Corrigez toute information erronée ou trompeuse dans une question, sans toutefois répéter les éléments négatifs avant de répondre à la question.
- Restez calme, peu importe la situation.
- Écoutez attentivement l'intervieweur. Si vous n'avez pas compris ou entendu la question ou si on vous a posé plusieurs questions, demandez-lui de se répéter.
- Maintenez un contact visuel.
- Laissez la situation dicter votre façon d'agir (et conservez-la tout au long de l'entrevue).

- Ne répondez pas avec des monosyllabes, telles que « oui » ou « non ».
- Ne spéculez pas sur des questions hypothétiques.
- N'utilisez pas de jargon publicitaire ou de marketing, ni de vocabulaire trop technique.
- Ne demandez jamais de relire un article ou d'écouter une entrevue enregistrée avant sa publication ou sa diffusion.

Types d'intervieweurs

Le Mitrailleur: Il pose plusieurs questions à la fois, assez rapidement. La meilleure façon de traiter avec ce type d'intervieweur est de répondre à la question que vous souhaitez avec un message-clé.

L'Interrupteur: Il pose une autre question, ou vous interrompt avant que vous ayez fini de répondre. Si vous avez des messages-clés bien préparés (10 secondes ou moins), vous ne devriez pas avoir trop de problèmes. Vous pouvez également composer avec ce type d'intervieweur en disant: « S'il vous plaît, laissez-moi finir ma réponse » ou « Juste un instant, s'il vous plaît », puis complétez votre déclaration.

Le Paraphraseur: Il est dangereux, car il peut paraphraser intelligemment, mais de manière trompeuse ce que vous avez dit. Écoutez attentivement les paraphrases et corrigez-les immédiatement si elles s'éloignent trop de vos déclarations ou contiennent des informations erronées.

Le Lanceur de flèches : C'est le type d'intervieweur qui vous apposera des étiquettes négatives, par exemple: « N'essayez-vous pas simplement d'obtenir de la bonne publicité en faisant don de tout ce matériel informatique à cette école du centre-ville ? ». Corrigez le négatif avec des déclarations positives, telle que : « L'école était très reconnaissante pour l'équipement que nous lui avons remis et grâce auquel elle a désormais un meilleur accès Internet ».

L'intervieweur hostile: Répondez aux questions-clés uniquement. Ne vous fâchez pas! Au besoin, demandez-lui de répéter sa question. Utilisez des pauses. Ou reformulez la question dans vos propres mots, puis répondez-y. Soyez ferme, mais poli.

L'Intervieweur trop amical: Parfois, ils aiment simplement rencontrer des gens. Ou bien, ils peuvent tenter de vous désarmer, en particulier durant la pré-entrevue, puis passer à l'action pour l'enregistrement. Soyez prudent, sans être trop froid. Vous ne voulez pas les offenser si leur attitude est authentique.

L'intervieweur « **de dernière minute** »: Prenez le contrôle de l'entrevue. Ne corrigez cette pauvre âme que si cela est absolument nécessaire pour ne pas l'embarrasser. Soyez prêt pour des questions mal informées. Cet intervieweur semble en savoir très peu sur le sujet, car il n'a probablement pas eu le temps de se préparer et s'est vu confier une mission de dernière minute, sans aucune mise en contexte. Vous pouvez utiliser son manque de connaissances à votre avantage, si vous le gérez avec soin.

Types d'entrevues et conseils

Entrevues téléphoniques (et enregistrées): Elles peuvent être les plus dangereuses, car vous pouvez être très détendu dans votre propre environnement ou distrait, par exemple, lorsque vous parlez avec votre téléphone cellulaire en mains libres lorsque vous conduisez dans un trafic dense. Évitez la tentation de faire l'entrevue immédiatement. Si possible, enregistrez l'entrevue. Demandez également à l'intervieweur si vous êtes enregistré.

Les règles sur l'enregistrement: Un journaliste doit vous informer que vous êtes enregistré pour une diffusion. Au Canada, cependant, un journaliste peut vous enregistrer sans vous en informer dans les cas où l'entrevue ne sera pas diffusée. Tout est donc « on-the-record ». Dans certains États américains, la loi exige que les deux parties d'un enregistrement acceptent sa publication, même si le contenu ne doit être que transcrit et non diffusé.

La mêlée journalistique (**scrum**): Il s'agit du jargon pour décrire la situation où un   certain nombre de journalistes se rassemblent autour de vous pour obtenir des commentaires. La mêlée journalistique est très courante après les comparutions devant les tribunaux ou en politique, par exemple, dans le hall du parlement après la période de questions. Les médias peuvent également faire une mêlée journalistique lors d'apparitions publiques d'un dirigeant, telles que lors d'allocutions publiques, de participation à un panel ou de comparution devant un organisme public. Les mêlées peuvent aussi survenir dans un endroit public lorsqu'il n'y a pas de boîte d'alimentation des micros qui soit disponible. Les mêlées journalistiques sont souvent organisées pour obtenir des réponses précises à des questions spécifiques et pour obtenir des extraits sonores de meilleure qualité ou des citations du dirigeant.

Les journalistes se feront concurrence pour placer leur microphone le plus près possible de votre visage. Ils prennent parfois l'apparence d'une foule en colère. Mais n'essayez jamais, jamais, d'éviter une mêlée journalistique. La vidéo de votre fuite peut être très dommageable.

Les journalistes poseront souvent des questions en même temps. Choisissez celle que vous préférez. Si vous êtes en train de répondre à une question indésirable et qu'une autre question plus positive est posée, adressez-vous à ce journaliste et répondez à la question.

Prenez votre temps pour répondre et rappelez-vous vos messages-clés. Si vous ne comprenez pas une question, demandez qu'elle soit répétée. Comme les mêlées journalistiques sont une forme de journalisme de meute, les pauses peuvent être utilisées pour susciter d'autres questions. Les autres journalistes vont toujours remplir les pauses avec des questions. N'oubliez pas la nature concurrentielle des journalistes qui vous entourent et le fait qu'ils travaillent dans des formats différents.

Conseils pour les entrevues à la télévision

- Concentrez-vous sur l'intervieweur, et non sur la caméra.
- Ignorez les caméramans et autres techniciens qui travaillent.
- Vous devez vous considérer comme « enregistré » du moment où vous entrez dans le studio de télévision, jusqu'au moment où vous êtes dans votre voiture en train de quitter le studio. Les apartés peuvent être entendus et enregistrés en studio, ou même dans les couloirs ou dans la « salle verte » pour l'enregistrement.
- Ne parlez jamais par-dessus l'intervieweur.
- Évitez les « euh » et les « hum ».
- Permettez aux caméramans de faire des prises où ils veulent et ne vous attendez pas nécessairement à ce que l'entrevue se déroule à votre bureau.
- Habillez-vous pour l'occasion. Si vous êtes dans une usine, portez un casque et une combinaison de travail. Si vous participez à un événement en plein air, porter un veston et une cravate pourrait ne pas être approprié.

CHEK NEWS BC FERRIES INTERVIEW/CAM ABBOTT (FLICKR)

- Ne soyez pas inquiet face aux « questions répétées », lorsque le caméraman se déplace derrière vous et que le journaliste pose bon nombre de questions déjà abordées. Ceci servira au montage, ou il se peut que le journaliste soit à la recherche d'une citation plus courte.

- Tenez-vous-en à vos réponses d'origine et demeurez sérieux. Ce n'est pas le temps de déconner ou de dire des sottises lors de ces « questions répétées ». Vous êtes toujours en train d'être enregistré

- Restez concentré sur l'intervieweur en tout temps. Regardez-le dans les yeux. Utilisez une gestuelle naturelle avec vos mains pour souligner vos réponses.

- Écoutez attentivement et activement. Et ne regardez jamais directement la caméra (à moins que vous ne participiez à une table ronde télévisée à distance).

- Évitez d'avoir les mains jointes de manière tendue, de saisir les côtés d'une chaise ou d'une table, de jouer avec des crayons, des verres d'eau, des boutons, de regarder autour de vous, de fermer les yeux, de trop cligner des yeux, de faire pivoter votre fauteuil – tous ces comportements donnent une impression de nervosité, d'ennui et même de mensonge.

- Asseyez-vous droit et évitez de bouger. En vous penchant légèrement dans votre fauteuil, vous donnez l'impression que vous êtes alerte et en contrôle.

- Attendez que les voyants du téléviseur soient éteints, que les voyants rouges des caméras soient allumés et que le technicien vous retire votre micro. Ensuite, vous pouvez vous détendre légèrement, mais seulement légèrement. Continuer de contrôler votre comportement avec précaution, car les caméras restent souvent sur vous et l'animateur pendant plusieurs minutes, le temps que les crédits de l'émission défilent. Rien n'est pire que le public qui vous voit, vous et l'hôte, souriants après une entrevue sérieuse. Ne dites jamais « Je suis content que ce soit fini » ou « Comment m'avez-vous trouvé ? ».

Comment s'habiller pour la télévision

- Portez des tons moyens, pas de chemises blanches. Si vous avez un teint pâle, le blanc peut vous effacer et accentuer votre teint pâle. Évitez aussi les chemises rouges ou noires.
- Le bleu royal est une couleur de costume parfaite qui peut être portée avec une chemise bleu clair.
- Les hommes doivent porter des chaussettes hautes.

LONGTIME CBC ANCHOR PETER MANSBRIDGE. ALEX KILLBY/WIKIMEDIA COMMONS

- Évitez les motifs comportant des rayures et des carreaux. De tels motifs ne conviennent pas à la caméra.
- Évitez les bijoux très brillants pour la même raison.
- Les chaussures doivent être sombres et bien cirées.
- Évitez les nouvelles coupes de cheveux, mais assurez-vous que vos cheveux soient bien coiffés.

- Les jupes doivent être suffisamment longues pour couvrir les genoux en position assise. Évitez les jupes portefeuilles. Des fentes ou des espaces embarrassants peuvent être visibles à la caméra. Beaucoup de femmes porte-paroles privilégient les pantalons de tailleurs.
- Surveillez les bosses dans les vestons causées par des appareils électroniques, des livres de poche, des clés, etc.

- Un maquillage normal devrait être porté. Des maquilleurs professionnels sont souvent sur place lors des entrevues en studio.
- Si vous participez à une tournée médiatique, organisez une garde-robe à l'avance afin d'éviter des décisions gênantes lors de vos déplacements.
- Avant de passer en ondes, mangez légèrement et évitez le café, le thé et l'alcool (ils dessèchent votre bouche).

Conseils pour les entrevues radio

NEIL GODDING/UNSPLASH

- La radio peut être un médium trompeur. Vous pensez peut-être que votre voix a de l'énergie et de la vitalité, mais après être passée par toute la technologie pour se rendre jusqu'au haut-parleur de l'auditeur, votre voix peut être terne.
- Pensez à mettre, dans votre voix, environ deux fois plus d'intonation que dans une conversation normale, et celle-ci sonnera très énergique (mais naturelle) du côté du destinataire.
- Variez votre intonation, votre timbre de voix, votre rythme et votre volume.
- Dans l'ensemble, essayez de garder un mode conversationnel et personnel. La radio est un média très personnel.
- Si vous faites l'entrevue radio par téléphone, gardez votre bouche à au moins six pouces du micro pour éviter les bruits « pop » indésirables provoqués par des lettres comme « p », car la plupart des microphones téléphoniques sont de moins bonne qualité.

- Ne soyez pas déçu si l'entrevue a duré des heures, mais que l'histoire qui en résulte ne dure environ que 45 secondes. La brièveté gouverne les nouvelles à la radio ces jours-ci. N'oubliez pas que vos citations ou phrases clés (clips) doivent être courtes (moins de dix secondes).

Conseils pour les entrevues avec les médias imprimés

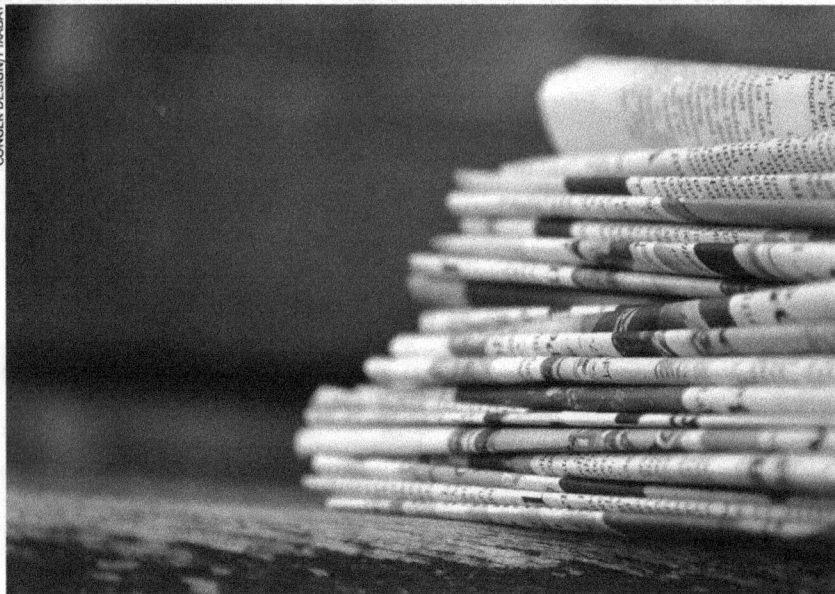

- Ces entrevues sont généralement plus longues que les entrevues radiophoniques ou télévisées, mais n'oubliez pas qu'une entrevue télévisée peut durer une demi-heure et ne produire que quelques secondes de temps d'antenne...
- Les journalistes des médias imprimés ont généralement besoin de beaucoup plus de détails que ceux de la radio ou de la télévision.
- Il est courant qu'un journaliste utilise un enregistreur. Cela ne devrait pas les déranger si vous en avez un également. N'oubliez pas de garder les appareils aussi éloignés que possible l'un de l'autre, pour éviter les interférences.
- Ne vous plaignez pas si certaines des citations ne sont pas exactes ou si certains faits sont légèrement mal interprétés. Se plaindre ne fera que contrarier le journaliste. En cas d'erreur grave ou de citation erronée, référez-vous à mes conseils

concernant les demandes de correction qui se trouvent dans une section ultérieure.

- Préparez-vous à ce que le journaliste (ou un recherchiste) rappelle pour vérifier les citations et les faits. Si le journaliste indique que l'article sera publié le lendemain, soyez joignable jusqu'à l'heure de tombée de ce journal (qui se trouve entre 18 h à 22 h, dépendamment du média). Cependant, ne donnez pas votre numéro de téléphone personnel (ou votre cellulaire). Utilisez un tiers, par exemple un conseiller en relations publiques, pour coordonner ces demandes après les heures de bureau.

Messages-clés

- Les messages-clés sont de courtes phrases (sound bites) de 10 à 15 secondes faciles à retenir, pertinentes et, lorsque possible, colorées. Comme la plupart des gens ne se souviennent que de 10 % des informations qu'ils reçoivent, les messages doivent être concis et faciles à retenir.

- Les messages-clés contiennent le message principal que vous souhaitez communiquer.

- Les messages-clés doivent être dignes d'intérêt. Par exemple: « C'est le premier hélicoptère de ce type à ne pas avoir de rotor de queue, il est donc l'un des plus silencieux et des plus sécuritaires sur le marché ».

- Les messages-clés doivent contenir un appel à l'action lorsque cela est justifié. Par exemple: « Les sommes dans le budget pour l'Éducation consacrées aux ressources en enseignement spécialisé représentent désormais moins d'un demi-sou par dollar. Nous voulons que ce chiffre soit triplé! »

- Donnez une connotation locale ou régionale à votre message-clé si nécessaire. Par exemple: « Les habitants de Calgary peuvent se laver les mains correctement en s'assurant que le savon antibactérien est moussé pendant 30 secondes ».

- Créez une image avec vos mots.

- Utilisez un langage courant et évitez les discussions techniques ou l'utilisation de jargon et d'acronymes.

- Appuyez vos messages-clés avec des faits, tels que des études de cas, des sondages, des statistiques, des experts tiers ou des autorités. Faire une analogie est une autre façon d'appuyer vos propos et utiliser vos expériences personnelles humanisera votre message.

- Vous ne devriez pas avoir plus de trois messages-clés pour une entrevue.

- Placez votre message-clé dans la discussion dès que possible et utilisez-le chaque fois que l'occasion se présente. Cependant, essayez de le faire tout en répondant à la question!
- Les messages-clés doivent être positifs.
- Lorsque vous avez préparé vos messages-clés, imprimez-les en grand format (14 à 16 points) sur des fiches aide-mémoires et conservez ces fiches à vos côtés en prévision des entrevues téléphoniques et durant celles-ci. Si vous avez une entrevue en personne, mémorisez vos messages-clés.

Exemple d'ordre du jour d'une formation médiatique

ORDRE DU JOUR
JOURNÉE COMPLÈTE DE FORMATION MÉDIATIQUE

10 h à 10h05 : Mot de bienvenue et introduction
10h05 à 11h35 : Théorie

- Définition des relations publiques
- Définition des médias ; brève discussion concernant chaque type de médias
- État actuel des médias
- Ce que veulent les journalistes
- L'espace de l'actualité: la nouvelle en tant que marchandise
- Statistiques sur l'espace de l'actualité
- La barrière journalistique et la relation entre l'éditorial et la publicité
- Concept de nouvelles sous les projecteurs : nouvelles qui sont « tendance » et journalisme de meute
- Concept d'une nouvelle digne d'intérêt
- Relations proactives et réactives avec les médias et leurs différences
- Messages-clés
- Comment générer des nouvelles
- Protocole de relations avec les médias (personnalisés à l'organisation)

11h35 à 12 h : Pause diner

Après-midi : Porte-paroles devant la camera
12 h à 12h45 : Évaluation de vidéos
12h45 à 12h50 : Entrevue n°1
12h50 à 12h55 : Entrevue n°2
12h55 à 13 h : Entrevue n°3
13 h à 13h05: Entrevue n°4

13h05 à 13h25: Évaluation des entrevues

13h25 à 13h35 : Entrevue n°1
13h35 à 13h45 : Entrevue n°2
13h45 à 13h55 : Entrevue n°3
13h55 à 14h05: Entrevue n°4

14h05 à 14 h 25: Pause

14h25 à 15h25 : Entrevue finale; évaluation
15h25 à 16 h : Évaluation des messages-clés ; questions

Exemple d'ordre du jour d'une formation médiatique

ORDRE DU JOUR
DEMI-JOURNÉE DE FORMATION MÉDIATIQUE

13 h à 13h05 : Mot de bienvenue et introduction

13h05 à 14 h : Théorie
- Définition des relations publiques
- Définition des médias ; brève discussion concernant chaque type de médias
- État actuel des médias
- Ce que veulent les journalistes
- L'espace de l'actualité: la nouvelle en tant que marchandise
- Statistiques sur l'espace de l'actualité
- La barrière journalistique et la relation entre l'éditorial et la publicité
- Concept de nouvelles sous les projecteurs : nouvelles qui sont « tendance » et journalisme de meute
- Concept de valeur de la nouvelle
- Relations proactives et réactives avec les médias et leurs différences
- Messages-clés
- Comment générer des nouvelles
- Protocole de relations avec les médias (personnalisé à l'organisation)

14 h à 14h15: Pause

Porte-paroles devant la caméra
14h15 à 14h45 : Évaluation de vidéos
14h45 à 14h50 : Entrevue n°1
14h50 à 14h55 : Entrevue n°2
14h55 à 15h00 : Entrevue n°3

15h00 à 15h15: Évaluation des entrevues

15h15 à 15h25 : Entrevue n°1
15h25 à 15h35 : Entrevue n°2
15h35 à 15h45 : Entrevue n°3

15h45 à 16h30 : Troisième tour d'entrevue; évaluation
16h30 à 17h00 : Évaluation des messages-clés ; questions

Ce que veulent les médias d'information au Canada

- Que les communiqués de presse soient concis – 300 à 400 mots ou moins.
- Que les nouvelles soient servies sur une « plateforme électronique » – dans un format qui facilite l'édition et le changement de format.
- Que des images et des vidéos soient facilement accessibles, mais de haute qualité.
- Que des porte-paroles viennent à eux – par voie électronique et en personne. Les conférences de presse prennent généralement trop de temps. Et les médias veulent pouvoir citer le porte-parole !!!
- Que les nouvelles soient d'intérêt pour le public cible du média en question.
- Qu'il y ait une uniformité entre le dossier de presse électronique, les communiqués de presse, le site Web, les images et les vidéos.
- Que le site Web offre une section multimédia facilement accessible, sans mot de passe, ainsi que des images en haute résolution (300 dpi, 8x10 JPEG) et des vidéos (MPEG).
- Que les communiqués de presse soient dignes d'intérêt.
- Que les communiqués de presse et les invitations aux médias soient diffusés régulièrement.
- Que tous les textes en français soient traduits en anglais.
- Que les informations soient distribuées directement aux médias par courriel, ainsi que via un fil de presse payant, lorsque le budget le permet, afin que les médias soient visés au moins deux fois par le message. Cela permet de limiter le risque que celui-ci se perde dans la surcharge d'information. Idéalement, une copie papier doit également être envoyée par la poste ou par service de messagers.

- Que les porte-paroles désignés et les professionnels des relations publiques soient toujours prêts à traiter les demandes de dernière minute des médias. Si nous ne pouvons pas répondre aux demandes des médias en temps voulu, nos concurrents le feront!

Le médium est le message

La véracité du vieil adage du chercheur canadien en communication Marshall McLuhan selon laquelle « le médium est le message », qui est d'ailleurs le titre de ce chapitre, prend tout son sens devant la récente transformation des communiqués de presse. Le communiqué de presse moderne (qui n'est plus un « communiqué de presse » en tant que tel, à moins que vous n'ayez l'intention de l'envoyer uniquement aux médias imprimés) continue d'évoluer avec les nouveaux développements de la technologie de l'information. L'avènement du communiqué de presse sur les médias sociaux (dans lequel on intègre des hyperliens, des vidéos et des extraits audio, etc.), ainsi que l'arrivée des téléphones intelligents et des tablettes, ont eu un impact considérable sur le communiqué de presse en tant que forme de communication.

Les médias interrogés par cet auteur ont confirmé vouloir des communiqués courts (300 mots ou moins) et interactifs, avec des URL directes permettant un accès facile, sans mot de passe, aux images haute résolution et aux extraits audios et vidéos. Les progrès rapides des supports de diffusion numérique ont créé des opportunités peu coûteuses de capturer et de rendre accessibles des extraits audios dont la qualité convient à la diffusion, via des URL désignées. Vous pouvez également déposer des documents d'information, des fichiers PDF et d'autres documents complémentaires, tels que des biographies ou des livres blancs.

Les sites Web des organisations devraient avoir des onglets « nouvelles » (l'emplacement pourrait être en haut de la page, à gauche, pour correspondre à la conception de l'interface graphique journalistique) qui contiennent non seulement les communiqués de presse, mais également des images haute résolution, des extraits audios et vidéos dont la qualité convient à la diffusion, ainsi que des documents d'information. Idéalement, les textes devraient également être disponibles dans les formats Word et PDF, afin que les médias puissent se servir aussi rapidement que possible dans le format de leur choix. De nombreuses organisations qui sont « filiales » de grandes organisations utilisent des URL distinctes pour éviter les retards et autres problèmes avec les webmestres de leurs sièges sociaux.

Alors que les médias d'information ont largement adopté la technologie des téléphones intelligents, ceux-ci ne sont pas très enclins à faire défiler indéfiniment leur écran. C'est pourquoi le communiqué de presse devrait absolument figurer dans la fenêtre d'un téléphone et compter entre 200 et 300 mots, voire moins.

La création de salles de nouvelles hybrides (imprimées et radiodiffusées) en raison de la fusion de médias et de la surcharge d'information électronique aux niveaux local, national et mondial rend la brièveté des communiqués de presse plus importante que jamais. Pendant des années, j'ai essayé de créer un style qui se situe entre celui de l'impression et celui de la radiodiffusion, de sorte qu'il se prête bien aux deux médias.

Le contenu des communiqués de presse est également primordial. Il n'y a guère de temps pour les clichés de nos jours. Des termes tels que « à la fine pointe » et « de classe mondiale » ont tendance à faire supprimer un communiqué rapidement. Il n'y a pas de place pour l'hyperbole et l'exagération, et les fausses déclarations peuvent être scrutées de près par le gouvernement fédéral. Souligner et mettre en gras n'est plus de notre époque et les citations ne devraient être incluses que si elles permettent de poursuivre l'histoire qui est racontée. Bien que fournir des citations d'un porte-parole facilite le processus de suivi de la couverture médiatique avec les moteurs de recherche, il est impératif que la personne citée ou un remplaçant désigné soit rapidement disponible pour des entrevues.

Il est évident qu'un communiqué de presse est destiné à une distribution immédiate, alors, pourquoi intégrer la mention « Pour diffusion immédiate » qui ne s'applique plus à l'ère de l'Internet ?

Le rôle clé que jouent les moteurs de recherche pour que l'information soit diffusée aux quatre coins de l'Internet fait en sorte qu'il est maintenant essentiel de consacrer plus de temps à faire correspondre les mots clés du communiqué de presse (le plus haut dans le document, le mieux) aux méta-tags Internet, afin que les moteurs de recherche référencent le mieux possible le communiqué suite à sa diffusion sur le fil de presse.

Faites également particulièrement attention à l'objet du courriel. Il faut qu'il entre dans la fenêtre et qu'il capture l'essence de votre nouvelle. Autres conseils sur les courriels: copiez et collez votre texte directement dans le corps du courriel et n'envoyez jamais de pièces jointes à moins d'y être invité; de nombreux filtres antipourriel dans les salles de nouvelles le bloqueront instantanément si vous le faites. Utilisez toujours la fonction Cci (copie carbone invisible) lorsque vous envoyez des courriels aux médias, afin d'éviter qu'ils ne reçoivent une page entière d'adresses électroniques. Cela en distrairait plusieurs. De plus, sachez que de nombreux filtres antipourriel rejetteront les courriels envoyés en Cci à plus de 25 adresses en même temps.

Lors des suivis médias, le courriel est souvent la méthode préférée de nos jours. Quelques tours devraient vous donner un taux de réponse élevé. Le téléphone est de plus en plus considéré par de nombreux journalistes comme une interruption néfaste et doit être réservé aux urgences ou au contact personnel rare, lorsque celui-ci est bienvenu. N'appelez jamais après 16h, à moins que vous ne répondiez à une demande journalistique.

Un ancien rédacteur en chef de La Presse Canadienne, Scott White, considère très agressifs les professionnels des relations publiques qui appellent plusieurs rédacteurs avec le même discours. Ce sont des « voleurs de temps ». Cela en dit beaucoup. Un dernier conseil pour votre rédaction de communiqués de presse: respectez le Guide de rédaction de La Presse Canadienne et son livre anglais intitulé *Caps and Spelling*.

Rendez votre communiqué de presse digne d'intérêt !

Lors de la rédaction d'un communiqué de presse, il est très important de répondre aux cinq questions : Qui ? Quoi ? Pourquoi ? Où ? Et quand ? On peut aussi ajouter le « Comment ? » de Rudyard Kipling (L'Enfant d'éléphant). Posez-vous toujours les questions suivantes: est-ce que cela nécessite un communiqué de presse ? Est-ce qu'une invitation aux médias est pertinente ? Est-ce nouveau ?

Conservez le communiqué de presse entre 300 et 400 mots et assurez-vous qu'il entre sur une à 1 ½ page imprimée maximum. La tendance actuelle se dirige même vers un format plus court. Je peux facilement imaginer très prochainement le communiqué de presse de 50 mots, auquel sera ajoutée une copie plus longue qui inclura des liens URL menant vers les dispenses financières, des documents d'information, un paragraphe d'identification (*boilerplate*), des photos, des vidéos et parfois des résultats de sondage.

Rédigez un communiqué de presse et non une publicité
Voici les éléments clés d'un communiqué de presse:

- Objet du courriel : une forme d'art en soi dans le monde du courriel !
- Titre
- Sous-titre (si justifié)
- Date
- Préambule (*Lead*) : Les 5 questions « Qui ? Quoi ? Pourquoi ? Où ? Quand ? », mais il n'est pas nécessaire de toutes les inclure
- Paragraphe d'appui au préambule, c'est-à-dire les questions qui n'ont pas été répondues
- Citations: idéalement deux phrases

- Conclusion : fait final, rédigez une fin forte.
- Paragraphe d'identification (« Boilerplate », soit la section « À propos de l'organisation »)
- URL pour des documents de mise en contexte, des fiches techniques et autres documents plus longs
- URL pour les images et vidéo à télécharger
- Information de contact: être joignable et inclure une deuxième personne contact

Méthodes de distribution des communiqués de presse

Les communiqués de presse peuvent être distribués de différentes manières:

- Par courriel
- Par la poste (ce canal traditionnel offre une efficacité renouvelée)
- Par fax (lorsque demandé, mais en baisse)
- Via des services de fils de presse payants (par exemple, Cision)

Vous trouverez ci-dessous un exemple de communiqué de presse annonçant la publication de ce livre.

COMMUNIQUÉ DE PRESSE

Un livre de référence en relations avec les médias offre une « boîte à outils » pour la profession des relations publiques

Toronto, ON, le 1ᵉʳ juin 2019 – Centennial College Press a le plaisir de publier la troisième édition du livre de Mark Hunter LaVigne sur les relations avec les médias, *Relations proactives avec les médias: une perspective canadienne.*

La troisième édition est une mise à jour importante des première et deuxième éditions, publiées respectivement en 2007 et 2011. Professionnel accrédité en relations publiques (ARP) et membre du Collège des Fellows de la Société canadienne des relations publiques (SCRP) depuis 2010, LaVigne a été spécialiste en relations avec les médias tout au long de ses 28 ans de carrière en relations publiques. Comme beaucoup dans cette spécialité, c'est un ancien journaliste qui a passé cinq ans à la radio, à Calgary, à Edmonton et à Toronto, après avoir obtenu une maîtrise ès arts en journalisme de l'Université Western.

Le livre est également basé sur ses années d'expérience dans les classes d'école. LaVigne a enseigné les relations avec les médias et d'autres disciplines des relations publiques dans des collèges et des universités, y compris le collège Seneca à York, l'Université Ryerson, l'Université Western, le Centennial College et le Humber College, en plus de donner des conférences et des ateliers partout à travers le Canada.

« *Relations proactives avec les médias* couvre les bases de la pratique des relations avec les médias et offre un aperçu équilibré des relations avec les médias traditionnels (conférences de presse et communiqués de presse pour la télévision, les journaux et la radio) et du travail avec les médias numériques et les médias sociaux, qui permettent de diffuser le message sur davantage de canaux », déclare William Wray Carney dans sa préface du livre. « Que vous travailliez avec les médias traditionnels ou les nouveaux médias, les principaux éléments des relations avec les médias demeurent les mêmes: définissez votre marché aussi étroitement que possible, déterminez les moyens de communication par lesquels celui-ci reçoit de l'information, façonnez des messages qui résonnent avec votre public cible, diffusez-les via les médias appropriés et engagez votre public ».

Carney est l'auteur de longue date de *In the News,* un ouvrage novateur sur les relations avec les médias dont la troisième édition a été publiée récemment par la University of Alberta Press. LaVigne est maintenant coauteur de *In the News* et a en fait écrit *Relations proactives avec les médias* en complément de ce livre.

LaVigne a également écrit le chapitre sur les relations avec les médias dans le livre de Carney, *Principes fondamentaux des relations publiques et de la communication marketing* (University of Alberta Press, 2015).

« Je connais Mark LaVigne depuis plus de 20 ans et j'ai eu l'occasion de collaborer avec lui sur des dizaines de mandats pour des clients variés: des entreprises, mais également des OSBL », a déclaré Daniel Granger, récemment nommé membre de l'Ordre du Canada, dans son introduction de *Relations proactives avec les médias*. « Mark est un grand professionnel des relations publiques qui possède de fortes valeurs personnelles et une éthique de travail exemplaire. Mais c'est dans son domaine d'expertise, les relations avec les médias, qu'il excelle. »

Relations proactives avec les médias : une perspective canadienne, troisième édition, est maintenant disponible au prix de détail suggéré de 30 $ par l'intermédiaire des principaux détaillants et grossistes du livre. Pour plus d'informations, visitez le site Web de Centennial College Press à l'adresse https://centennialcollegepress.com/.

À propos de Centennial College Press

Centennial College Press publie des manuels et des ressources pédagogiques, ainsi que des ouvrages spécialisés et professionnels. Centennial College Press est situé à Toronto, au Story Arts Centre, un campus du Centennial College.

Pour plus d'information, veuillez contacter:

David Stover
Éditeur / gestionnaire
Centennial College Press
416-289-5000, poste 8605
https://centennialcollegepress.com

Études de cas

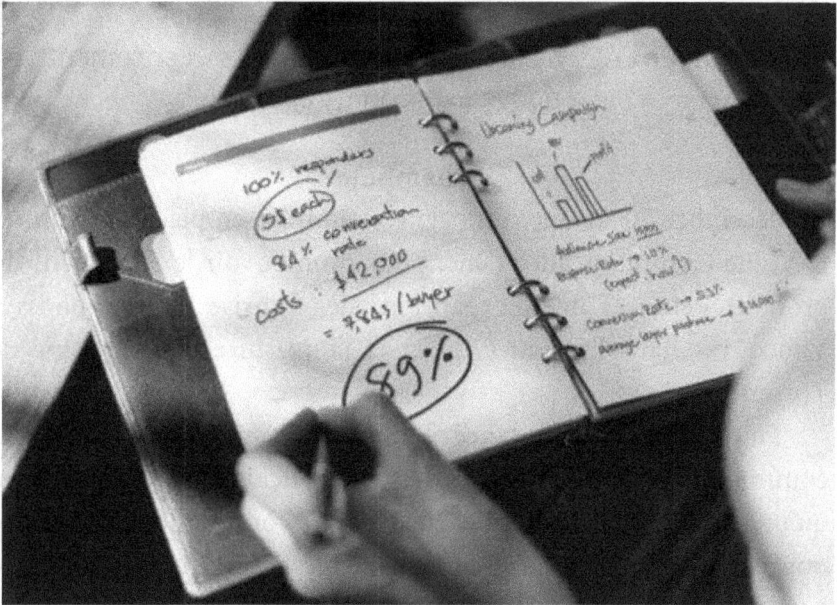

Dans la section suivante, je vous présenterai des exemples d'études de cas et de communiqués de presse connexes qui mettent en pratique les concepts discutés jusqu'à présent. Les exemples comprennent une combinaison de campagnes pour des organisations avec ou sans but lucratif.

Étude de cas – Sunrise Soya Foods/Lancement de Pete's Tofu

(Gagnant, Prix ACE de la SCRP Toronto: Bronze, Lancement de nouveau produit, 2003)

Préambule

En décembre 2001, une campagne a été mise en place par Hunter LaVigne Communications Inc. pour promouvoir le lancement du produit Pete's Tofu, l'expansion de Sunrise Soya Foods à Vancouver dans l'est du Canada et l'ouverture de son usine de Toronto.

Pete's Tofu a été lancé le lundi 13 mai 2002 avec des communiqués de presse en anglais, en français et en chinois, ainsi qu'un suivi détaillé auprès des médias. Les communiqués de presse ont été distribués à 280 contacts cibles et diffusés à l'échelle nationale (en anglais et en français) par le groupe CNW. Les contacts médias ont reçu un dossier de presse complet (formats papier et électronique), des échantillons de produits, des démonstrations de produits, une invitation pour visiter l'usine et des vidéos. L'usine de Toronto a été officiellement inaugurée le 24 septembre 2002 avec un événement qui a attiré 20 contacts médias, ainsi que 100 employés, leurs familles, fournisseurs et les organismes de réglementation.

Objectifs

- Accroître la notoriété de la nouvelle gamme de produits Pete's Tofu grâce à la couverture médiatique.
- Accroître la notoriété de Sunrise et sa marque grâce à l'événement d'ouverture de l'usine.
- Accroître la notoriété de la marque Sunrise en Ontario et au Québec.

Stratégie

Utilisez une approche à deux niveaux : un lancement de produit, suivi d'un événement pour l'ouverture de l'usine quatre mois plus tard, afin de créer un « momentum » médiatique, régional et national, aboutissant à une couverture médiatique ponctuelle suite à l'événement d'ouverture de l'usine.

Considérations stratégiques

- Bien que les bienfaits du soja sur la santé soient désormais mieux connus des consommateurs de masse canadiens, les bienfaits des produits à base de tofu ne sont pas aussi bien connus.
- Avant le lancement du Pete's Tofu, la sensibilisation aux produits Sunrise Soya était élevée dans l'Ouest canadien, mais négligeable en Ontario et au Québec.
- Le marché médiatique de Toronto est particulièrement inondé d'informations, car il s'agit de l'une des plus grandes régions urbaines d'Amérique du Nord qui a vu son marché médiatique considérablement réduit au cours des années, en raison de fusions, d'acquisitions et des facteurs technologiques.

Publics cibles

- Grand public, y compris les femmes âgées de 18 à 55 ans et plus
- Végétariens — biais général
- Culturistes/secteur de la santé
- Propriétaires d'épicerie, gérants, acheteurs

Médias cibles

- Rédacteurs en chef pour les sections affaires, alimentation et famille des principaux quotidiens à Toronto, Ottawa, Montréal et Québec
- Journalistes spécialisés ou émissions des secteurs affaires et alimentation dans les stations de radio et de télévision grand

public de Toronto, Montréal et Québec, y compris des émissions de cuisine disponibles sur le câble

- Revues spécialisées de consommation et d'alimentation
- Revues féminines
- Sites Web pertinents
- Journalistes indépendants en alimentation et cuisine
- Médias ethniques à Toronto et à Montréal

Tactiques

- Production de photos et de vidéos pour faciliter la couverture médiatique.
- Développement et distribution d'un dossier de presse électronique et sur support papier, comprenant des fiches d'information détaillées d'une page, des recettes, des conseils de cuisine, des photos, un vidéo sur la visite de l'usine et un glossaire des termes.
- Diffusion électronique des communiqués de presse et des documents d'information par courriels et sur un fil de presse payant (en anglais, en français et en chinois).
- Visites médias de l'usine.
- Présentations de produits en direct et démonstrations pour les médias généralistes et les médias spécialisés alimentation.
- Suivis courriels et téléphoniques.
- Ouverture de l'usine avec la ministre de l'Agriculture et de l'Alimentation de l'Ontario, spectacle de danse du lion chinois, démonstrations culinaires par des chefs renommés et échantillons alimentaires pour faire découvrir les produits.

Mesure et évaluation des résultats

Quantité et qualité de la couverture médiatique, nombre de médias ayant participé à l'événement, études de sensibilisation aux produits et ventes de produits.

Budget

Le budget total était de 61 166 $, incluant 47 566 $ en frais et 13 600 $ en dépenses.

Résultats

- Un total de 21 396 964 premières impressions générées (une couverture de 2 150,06 pouces carrés générée, avec un total de 58:45 minutes de diffusion en ondes). Faits saillants: deux parutions avec photos dans le *Globe and Mail*, couverture locale et nationale sur CBC, Global et CFTO (CTV), reportages photo couleur dans les magazines *Canadian Living* et *Homemakers*, et reprise par La Presse Canadienne.
- La notoriété de Pete's Tofu auprès des utilisateurs non traditionnels de tofu en Ontario et au Québec est passée de zéro à cinq pour cent entre mai et août 2002, atteignant une part de marché de sept pour cent en dollars au Canada (A.C. Nielsen). Les ventes devraient dépasser le million de dollars en 2003.
- Plus de 100 invités et 20 médias ont assisté à l'événement d'ouverture de l'usine.

COMMUNIQUÉ DE PRESSE

Surnise ouvre une usine et lance une nouvelle marque pour répondre à la demande grandissante en tofu

TORONTO, ON, le 13 mai 2002/CNW/ - En vue de répondre à la demande croissante d'aliments à base de soja et de produits prêts à manger pratiques, Surnise Soya Foods ouvre une usine de fabrication de tofu soyeux à Toronto et lance sa nouvelle marque, le « Pete's Tofu ».

L'usine de Toronto, qui utilise la plus récente technologie d'automatisation pour la fabrication du tofu soyeux et le contrôle de la qualité, devrait embaucher plus de 50 personnes d'ici l'automne prochain, lorsqu'elle fonctionnera au maximum de sa capacité. Cette deuxième usine est nécessaire pour alléger le volume de production de la première usine de Sunrise à Vancouver qui fonctionne au maximum de sa capacité et où travaillent 175 employés.

Dans le but de « simplifier l'utilisation du tofu » pour le grand public, Pete's Tofu présente cinq produits novateurs au tofu soyeux prêts-à-manger. Les paquets de savoureux triangles accompagnés de sauce-trempette Pete's « Tofu2Go », ainsi que les desserts au tofu soyeux vendus en duo aux arômes naturels de « mangue et pêche » et de « baies » devraient obtenir beaucoup de succès auprès des consommateurs qui ne savent pas trop comment apprêter le tofu soyeux.

« La demande en tofu connaît une croissance d'environ 15 % par année en Ontario, au Québec et dans les villes de la côte Est américaine », indique Peter Joe, directeur général et chef de la direction de Sunrise Soya Foods, fabricant de tofu qui a son siège social à Vancouver et qui existe depuis 46 ans. « Notre nouvelle usine de Toronto nous permettra de réduire nos frais d'expédition de la Colombie-Britannique vers la côte Est et prolongera la durée de conservation de nos produits, puisque la plus grande partie du tofu sera désormais fabriquée dans la région. »

Surnise a son siège social dans l'Ouest canadien, où elle détient environ 80 % de la part du marché et où elle fait la promotion, depuis des décennies, des bénéfices du tofu pour la santé ainsi que de multiples façons de l'apprêter. Très polyvalent sur le plan culinaire, le tofu prend la saveur de tout ingrédient qu'il accompagne. Plusieurs études laissent entendre que la consommation de tofu pourrait contribuer à réduire le taux de cholestérol LDL ou « mauvais » cholestérol dans le sang et, par le fait même, réduire les risques de maladie du cœur. En outre, des études montrent que le tofu aide à prévenir le cancer hormonodépendant, à alléger les symptômes de la ménopause et à réduire les risques d'ostéoporose. Source de protéines exempte de cholestérol, le tofu peut également agir comme substitut des produits laitiers, de la viande ou des œufs, ou compléter une recette.

Fondée en 1956, Sunrise Soya Foods est le plus grand fabricant de tofu au Canada et le cinquième en importance en Amérique du Nord. Elle emploie actuellement plus de 200 personnes. Les marques et les produits Sunrise sont destinés aux marchés de la santé, au grand public et au marché ethnique. Son dernier-né, le « Pete's Tofu », fait à base de fèves de soja organiques, est vendu dans un emballage convivial sur lequel figurent des recettes. Partenaire de plusieurs épiceries et magasins d'aliments naturels et asiatiques du Canada, Sunrise prévoit doubler ou tripler son chiffre d'affaires en s'étendant sur le marché américain.

Pour répondre à l'intérêt manifesté à l'égard du tofu soyeux, Sunrise met à la disposition des consommateurs deux sites Web en trois langues ainsi qu'un numéro sans frais, la « Consumer Bean-Line » : 1-800-661-2326. Tous les produits Sunrise possèdent la certification « kasher ». Pour de plus amples renseignements, consultez les sites www.sunrise-soya.com ou www.petestofu.com.

– 30 –

Pour plus d'information, veuillez contacter: *[Nom, téléphone de bureau, téléphone cellulaire et adresses courriel du professionnel des relations publiques, du client et du tiers, le cas échéant]*

INVITATION AUX MÉDIAS

Sunrise Soya Foods inaugure sa nouvelle usine à Toronto

Toronto (Ontario), 13 septembre 2002 - Sunrise Soya Foods, le plus grand fabricant de tofu au Canada, organisera l'inauguration de sa nouvelle usine de fabrication de Toronto de 11 h à 14 h, le mardi 24 septembre, offrant un savoureux déjeuner concoté par les chefs locaux Nettie Cronish et Mark Jachecki.

L'installation ultramoderne de 30 000 pieds carrés sera officiellement inaugurée à 11 h 30 avec une cérémonie chinoise de la Danse du lion, suivie par une coupe du ruban faite par Peter Joe, directeur général et chef de la direction de l'entreprise familiale fondée il y a 46 ans. Helen Johns, ministre de l'Agriculture et de l'Alimentation, sera également présente.

Au cours de l'événement culinaire, quelque 200 invités seront conviés à visiter l'usine, à en apprendre davantage sur le processus de fabrication du tofu et à voir une exposition murale sur l'histoire de la popularité croissante de ce « caméléon culinaire » qui est une addition rapide, délicieuse et saine aux menus canadiens.

Sunrise Soya Foods emploie plus de 200 Canadiens et est le cinquième plus grand fabricant de tofu en Amérique du Nord. Ses marques et ses offres de produits s'adressent aux marchés de la santé, au grand public et aux communautés ethniques. Le nouveau venu « Pete's Tofu », fabriqué avec du soja biologique, utilise un emballage convivial pour le consommateur sur lequel on retrouve des recettes, afin d'accroître la notoriété du tofu. Sunrise s'est associée à de nombreux magasins d'alimentation, de produits diététiques et asiatiques au Canada et aux États-Unis. Tous les produits Sunrise sont certifiés kasher.

Pour plus d'information, visitez www.sunrise-soya.com ou www.petestofu.com, ou appelez la « Consumer Bean-Line » sans frais au 1-800-661-2326.

Quoi: Inauguration de la nouvelle usine de Sunrise Soya Foods à Toronto

Quand: Mardi, 24 septembre 2002, de 11 h à 14 h

        Arrivée, rafraîchissements et hors-d'œuvre: 11 h à 11 h 30

        Danse du lion: 11 h 30 à 11 h 50

        Coupe du ruban et allocutions d'ouverture: 11 h 50 à 12 h 05

        Visites de l'usine, démonstrations culinaires et dégustation: 12 h 05 à 14 h

Où: 21 Ave. Medulla, Toronto, ON, Tél.: 416-233-2337 (Medulla s'étend vers le nord au large de la rue North Queen entre Kipling et East Mall)

Qui: Peter Joe, directeur général et chef de la direction, Sunrise Soya Foods

        Helen Johns, ministre de l'Agriculture et de l'Alimentation, gouvernement de l'Ontario

        Peter Milczy, conseiller du quartier 5

        Nettie Cronish, chef végétarienne et auteure de livres de cuisine

        Mark Jachecki, chef exécutif, Presidential Gourmet Corporation

Étude de cas – Schneider Oh Naturel!

Préambule

Hunter LaVigne Communications (HLC) a procédé à un nouveau lancement après que le lancement médiatique original, ayant eu lieu au printemps 2004, n'ait pas généré les résultats escomptés.

Objectif

Accroître la notoriété de la gamme de produits grâce à la couverture médiatique.

Stratégie

Grâce à l'envoi d'échantillons et à un angle « saisonnier », réintroduire le produit auprès d'un éventail plus large de médias.

Considérations stratégiques

- Publics cibles diversifiés qui nécessitent des spécialistes des relations avec les médias ayant une expérience linguistique spécifique
- Nouvelle qui ne fait plus partie de l'actualité (soft news) à cause du programme initial réalisé au printemps précédent
- Grande équipe à gérer, à la fois pour le client et pour l'agence principale HLC

Publics cibles

- Femmes de 18 à 49 ans (accent mis sur les femmes de 18 à 34 ans)
- Jeunes adolescentes
- Baby-boomers plus âgés (hommes et femmes)
- Urbains, professionnels, bien éduqués et aisés

Marchés cibles

- Toronto
- Montréal

- Calgary
- Vancouver

Médias cibles

- Journaux quotidiens des principaux marchés et contacts au sein des services de distribution (affaires, santé et alimentation)
- Revues pour les consommateurs (principalement celles ciblant les femmes, en visant les rédacteurs en chef et les journalistes affaires, santé et alimentation)
- Revues d'affaires et spécialisées (alimentation, emballage, usine, épicerie)
- Publications marketing/rédacteurs en chef (spécialisés et quotidiens, certains électroniques et Web)
- Médias ethniques (imprimés et diffusés)
- Journalistes indépendants (qui couvrent principalement l'alimentation et la santé)

Tactiques

- Programme d'échantillonnage auprès de plus de 250 médias (anglais, français, chinois) avec communiqué de presse, ainsi que diffusion directe par courriel et fil de presse payant (Marketwire (anciennement CCNMatthews))
- Angle adopté « barbecue d'hiver »
- Intégré avec le lancement de publicités imprimées et télévisées, ainsi qu'avec la diffusion d'articles de fond par l'intermédiaire de News Canada

Mesure et évaluation des résultats

Quantité et qualité de la couverture médiatique

Budget

Le budget total était de 31 710 $, dont 22 150 $ en honoraires et 9 560 $ en dépenses. Le budget n'inclut pas les frais d'échantillonnage et d'expédition.

Résultats

- 12,2 millions d'impressions, dont: Soy Daily, Marketing (magazine et en ligne), 24 Heures Montréal, Calgary Sun, CFTR 680 News (fin de semaine), Le Soleil, Toronto Sun, Canadian Packaging, Food in Canada, Food Service & Hospitality, Grocer Today, Western Grocer, Toronto Star, CBC Radio (national), Vancouver Sun, The Record (Kitchener-Waterloo), Forever Young Magazine, 7 Jours, Capital Santé, L'actualité alimentaire et des publications chinoises, soit le Canadian Chinese Times, Ming Pao, Epoch Times, Calgary Trend Weekly, Calgary et Chinese Times.

- La combinaison de la publicité et du travail de relations publiques a propulsé Oh Naturel! à la deuxième place en part unitaire et en dollars dans sa catégorie, dépassant BOCA, la marque la mieux établie. Les actions ont continué à grimper après la fin des campagnes de relations publiques et de relations avec les médias. Les ventes globales aux consommateurs ont doublé immédiatement après les campagnes pour atteindre plus d'un demi-million d'unités de consommation au cours des six premiers mois de 2005.

- Score MRP (Media Ratings Point): 85 %

COMMUNIQUÉ DE PRESSE

Le barbecue d'hiver – Goûtez le Oh naturel !

Kitchener, ON, 13 janvier 2005 – Les Canadiens, d'un océan à l'autre, aiment leur barbecue et l'utilisent de plus en plus durant toute l'année. En effet, les sondages révèlent que près de 20 % de la population canadienne a déjà cuisiné au barbecue alors que le mercure affichait 20° Celsius au-dessous de 0 (moins 4° Fahrenheit).

Cette passion de la cuisson sur le gril, combinée aux populaires résolutions du Nouvel An de manger plus sainement, vous amène tout droit vers les produits sans viande Scheinder Oh Naturel cuits sur le barbecue en hiver. Nous avons tous entendu parler des mérites des produits de soya.

« Les produits sans viande Schneider Oh Naturel! sont une excellente source de protéines, contiennent moins de gras, ne contiennent pas de cholestérol et peu ou pas de gras trans et de graisses saturées. Ils sont faibles en calories et en sodium et représentent une bonne source de fibres », déclare Tracey Peake, chef du marketing des aliments Schneider. Un régime avec peu de gras trans et de graisses saturées peut aussi aider à réduire le risque de maladies du cœur. Or, les produits sans viande de ce genre, cuits sur le barbecue, n'ont pas toujours donné le goût et la texture recherchés.

« D'après nos recherches, 80 % des saucisses et burgers consommés sont cuits sur le barbecue, mais la majorité des produits sans viande qui sont cuits de cette façon ont un goût décevant. Nous avons donc conçu nos burgers et nos saucisses sans viande en fonction d'une cuisson au barbecue. Nos produits deviennent juteux et savoureux en cuisant sur le gril. »

Les produits sans viande Oh Naturel! sont disponibles dans une variété de formats sans viande qui incluent le bœuf haché, les lanières de poulet, les lanières de bœuf, les croquettes de poulet, les boulettes de viande et les burgers de poulet. Tous ces produits sont préparés dans une nouvelle usine de 20 000 pieds carrés, située à Burnaby, en Colombie-Britannique, qui est dédiée aux produits sans viande.

« Schneider est la première marque qui offre à la fois un goût exquis, une utilisation pratique et des valeurs nutritives dans une solution alimentaire au centre de votre assiette », ajoute Tracey Peake. « Schneider apporte aux produits Oh Naturel! un souci de qualité qui leur donne une texture qu'on ne trouve pas généralement dans ce type de produits. »

Pour plus d'information, visiter le site www.alimentsschneider.ca

Conseils pour réussir votre barbecue d'hiver

Les aliments Schneider vous proposent quelques conseils de sécurité pour le barbecue d'hiver.

Ne pas utiliser le barbecue dans votre garage, même si la porte est ouverte. Des gaz nocifs peuvent s'accumuler.

Porter un vieil anorak ou un tablier et des gants pour éviter d'empester ou de salir vos vêtements, et mettre un tapis d'hiver à l'entrée pour ne pas ramener de la neige et de la glace dans la maison.

Éviter de porter un foulard ou un chapeau avec des cordons qui pendent durant la cuisson, car ils pourraient facilement s'enflammer.

Enlever régulièrement la neige et la glace du barbecue et des environs pour éviter que cela ne devienne glissant lorsque le barbecue se réchauffe ou gèle après usage.

Acheter une bonne housse en plastique pliable qui ne brisera pas au grand froid. Laisser refroidir le barbecue avant de la replacer pour éviter qu'elle ne fonde sur le couvercle.

À des températures en dessous de - 20° Celsius (- 4 °F), les boutons et manches peuvent se crisper et briser. Les manier prudemment, en ayant toujours une pince-étau à portée de main en cas d'urgence.

S'assurer d'un bon éclairage autour du barbecue pour bien voir le travail, car au Canada, il fait souvent noir avant l'heure du souper. Les phares d'auto peuvent servir en l'absence d'éclairage suffisant.

Utiliser un thermomètre pour vérifier la température interne, car le temps de cuisson varie beaucoup entre l'été et l'hiver.

S'équiper d'une bonbonne de rechange pleine au cas où l'autre se vide pendant la cuisson.

Ne jamais utiliser un chalumeau pour dégeler les raccords et ne jamais toucher le barbecue avec la langue.

Étude de cas – Super-épices Gourmet McCormick

Préambule

La campagne Super-épices Gourmet a été lancée le mardi 2 mars 2010. Les tactiques de relations avec les médias comprenaient l'envoi d'une trousse d'articles prêts à diffuser, en anglais et en français, incluant un article, un encart et des recettes, le tout distribué via News Canada, des communiqués de presse en anglais et en français distribués via Marketwire et par courriel, ainsi qu'un communiqué de presse en chinois distribué par Dynasty PR. Les kits d'échantillons de produits ont été distribués à une liste d'environ 100 médias prioritaires.

Objectifs RP

À travers des relations proactives avec les médias concernant le produit, générer une couverture médiatique positive dans l'actualité des médias spécialisés consommateurs et alimentation, pour aider à accroître la notoriété et les ventes. Au moins 10 millions d'impressions totales seront générées, soit un score global de 75 % (MRP) avec un coût par contact de 0,05 $ ou moins.

Publics cibles

- L'acheteur principal est une femme âgée entre 35 et 54 ans avec 2 enfants ou plus à la maison. Enfants de moins de 18 ans à la maison, principalement des familles qui arrivent à maturité (enfants de 6 à 12 ans) et des familles établies (enfants de 13 à 17 ans)
- Ménages relativement aisés avec un revenu de 70 k$ +
- Familles avec un intérêt pour la santé

Marchés cibles

- Toronto (extension du Golden Horseshoe): 6,6 millions, dont Peterborough, Kingston, Barrie, London, Guelph, Kitchener, Windsor, Ottawa, Hamilton
- Corridor Montréal/Québec (Laurentides/Cantons de l'Est): 3,6 millions
- Vancouver et la partie continentale inférieure de la Colombie-Britannique, y compris Whistler: 2,6 millions
- Corridor Calgary/Edmonton: 1,9 million
- Maritimes: Halifax (NÉ), St. John's (TNL): 500 000
- Prairies: Winnipeg, Saskatoon, Regina: 250 000
- Les petites villes entre les villes couvertes par la distribution de News Canada
- Le Canada chinois est concentré dans les principales zones urbaines, dont Vancouver, Calgary, Edmonton, Toronto et Montréal

Médias cibles

- Journaux quotidiens des principaux marchés et contacts au sein des services de distribution (alimentation grand public)
- Revues pour les consommateurs (principalement celles ciblant des femmes, par les rédacteurs en chef et les journalistes)
- Revues d'affaires et spécialisées (alimentation, emballage, épicerie)
- Médias électroniques (radio et télévision, lorsque pertinent)
- Sites Web/magazines électroniques (alimentation)
- Journalistes indépendants (principalement ceux couvrant l'alimentation)
- Journaux communautaires et petits quotidiens (par le canal de distribution de News Canada)

Considérations stratégiques

Le lancement de Gourmet (13 septembre 2007) a généré une portée totale de 30 429 472, avec un coût par contact de 0,002 $ et un score MRP de 79 %.

Budget

Honoraires de 8 000 $ et dépenses de 15 890 $ pour un total de 23 890 $.

Résultats

- Nombre total d'impressions capturées: 47 444 820 (l'objectif était de 10 millions)
- Coût par impression: 0,001 $ (l'objectif était de 0,05 $)
- MRP: 87,28 % (l'objectif était 75 %)

Les faits saillants incluent la reprise inhabituelle par Rita Demontis de notre histoire Super-épices dans sa colonne *Eat*, diffusée à l'échelle nationale, résultant en une reprise textuelle de son article du *Toronto Sun* dans 30 quotidiens du réseau Sun Media et 28 sites web affiliés. Les principales reprises dans les quotidiens ont été celles des Toronto, Winnipeg, Ottawa, Edmonton et Calgary Suns. Le nombre total d'impressions a été de 5,3 millions. D'autres grands portails de nouvelles en anglais et en français ont repris l'histoire textuellement du communiqué de presse, dont Yahoo, Google, Alta Vista, Reuters, Congoo, Findarticles, Topix, MSNBC, avec des critiques dans Tidingsmag.com, *Canadian Packaging, 24 Heures, Hamilton Spectator, Grocer Today, Ontario Restaurant News, Pacific/Prairie Restaurant News*. Le nombre total d'impressions a été de 31,7 millions. Les articles et recettes distribués par News Canada ont rapporté 8,1 millions d'impressions, les relations avec les médias chinois atteignant 1,8 million d'impressions.

COMMUNIQUÉ DE PRESSE

Super-épices Gourmet McCormick: une nouvelle raison d'assaisonner

London, ON, 2 mars 2019 - Les nutritionnistes recommandent depuis longtemps les épices et les herbes pour ajouter de la saveur sans matières grasses, sel ou sucre – ce qui facilite le respect des directives diététiques d'aujourd'hui. Mais maintenant, des études suggèrent que l'ajout de plus d'épices et d'herbes à votre alimentation pourrait non seulement plaire à votre palais, mais aussi améliorer votre santé.

« Pour vous permettre de savourer facilement les avantages potentiels des épices, nous avons créé une collection unique de nouvelles recettes spécialement conçues pour inclure jusqu'à une demi-cuillère à café d'épices riches en antioxydants par portion », explique Brian Rainey, vice-président exécutif, ventes et marketing pour McCormick Canada. « Beaucoup d'épices et d'herbes semblent avoir des effets bénéfiques, mais il existe 10 Super-épices Gourmet McCormick qui pourraient avoir le plus grand potentiel pour améliorer notre santé. »

10 Super-épices Gourmet McCormick:

Cannelle
Gingembre
Origan
Paprika
Piment de Cayenne
Persil
Basilic
Romarin
Thym
Curcuma (commun dans la poudre de cari)

Selon leur définition botanique, les épices et les herbes sont classées comme des fruits et légumes. C'est pourquoi ces ingrédients dérivés des végétaux sont naturellement riches en antioxydants. Et, comme ils ne contiennent plus l'eau qui représente une part importante du poids des produits frais, les épices et les herbes offrent un grand pouvoir antioxydant dans un emballage très compact.

Les épices et les herbes sont également riches en phytonutriments, tels que les caroténoïdes, les flavonoïdes et autres phénoliques qui possèdent des propriétés bénéfiques pour la santé qui vont au-delà du fait d'être de bons antioxydants.

Pour vous aider à profiter du goût et des bienfaits pour la santé de ces 10 Super-épices Gourmet McCormick, tout au long de la journée, voici quelques conseils simples:

Au déjeuner :
Saupoudrez de la cannelle sur votre bol de flocons d'avoine, votre yogourt, votre pain doré ou dans votre pâte à muffins.
Une pincée de thym est un ajout apprécié pour les œufs brouillés ou les omelettes.

Au diner:
Incorporer les feuilles d'origan séchées ou les flocons de piments rouges broyés dans vos soupes en conserve préférées, vos salades de poulet/thon ou vos vinaigrettes. Essayez-les sur la pizza pour obtenir une délicieuse dose d'antioxydants.
Une pincée de gingembre moulu sur des fruits frais tranchés s'avère un dessert rafraîchissant.

Au souper :
Réveillez les saveurs de vos accompagnements préférés avec des feuilles de romarin écrasées (un agencement naturel avec des pommes de terre en purée ou rôties) ou de la poudre de cari (parfaite pour les plats de riz ou le couscous).

Plus d'information et de recettes disponibles au www.spiceforhealth.ca

McCormick Canada est propriétaire à part entière de McCormick & Company Inc., le leader mondial dans la fabrication, la mise en marché et la distribution des épices, des assaisonnements et des arômes de toute l'industrie alimentaire. Fondée en 1889, à Baltimore, Maryland, McCormick & Company emploie plus de 7500 personnes. Pour des renseignements supplémentaires, visitez le www.mccormick.com. Appelez le 1-800-265-2600 pour d'autres renseignements. McCormick & Company comprend Shwartz (Royaume-Uni), McCormick Foods Australia, Ducros (France), McCormick de Centro América (Amérique centrale) et AVT McCormick (Inde). McCormick Canada a célébré son 125e anniversaire en 2008. Plus d'information au www.mccormick.com.

Les photos des produits et des recettes sont disponibles au:
www.marketwire.com/mccormick.

Pour consulter les instructions/ingrédients/conseils pour les recettes de cobbler à la mangue et aux bleuets et de saumon aux agrumes avec relish à l'orange, veuillez visiter le lien suivant:
http://media3.marketwire.com/docs/McCormickGourmetSpicesforHealthNewsRelease.doc

Pour plus d'information ou pour obtenir des échantillons de produits, veuillez contacter: *[Nom, téléphone de bureau, téléphone cellulaire et adresses courriel du professionnel des relations publiques, du client et du tiers, le cas échéant]*

Étude de cas – Radio Internet SANYO

Synopsis du produit

La radio Internet SANYO R227 avec Wi-Fi intégré fournit une interface audio Internet facile à utiliser qui permet d'écouter des milliers de stations gratuites du monde entier sans abonnement. Parfaite pour la chambre à coucher, la salle de loisir, la cuisine, le bureau ou même la chambre d'hôtel, la radio Internet Sanyo assure une entrée de clé réseau facile lorsqu'elle est utilisée sur des réseaux sans fil sécurisés. Elle permet une recherche par pays ou par genre, avec huit présélections de stations Internet. Elle dispose également d'un syntonisateur numérique FM stéréo avec huit stations préréglées. Doté de la fonction radio-réveil, y compris le réveil sur Internet ou la radio FM, la R227 bénéficie d'un excellent son stéréo avec deux haut-parleurs. Un simple bouton marche/arrêt élimine les problèmes complexes de démarrage de l'ordinateur, de sélection du lecteur et d'arrêt, et fournit un son d'arrière-plan facile tout en travaillant sur un ordinateur sans surcharger le réseau Internet. Il résout également le problème d'une mauvaise réception AM dans de nombreux bureaux et condominiums en accédant plutôt au flux Web d'une station AM. L'unité est assez compacte, mesurant 215 x 140 x 110 mm ou 8,6 x 5,6 x 4,4 pouces (l x h x p). Complet avec télécommande, Wi-Fi intégré, prise Ethernet et prises d'entrée pour lecteurs MP3/WMA, sorties audios et prises pour casque stéréo, le R227 sera disponible au Canada d'ici novembre 2008. Il prend en charge des fichiers audios comme AAC, AIFF, MP3, RM, WAV, WMA et des listes de lecture (M3V) stockées sur un ordinateur en réseau. Il sera initialement commercialisé dans un boîtier fini en bois noir brillant avec un devant en aluminium brossé. Il sera offert chez les détaillants sélectionnés pour un PDSF de 219,99 $.

La planification a commencé en décembre 2007, et le lancement a eu lieu le 27 octobre 2008.

Objectifs

- Générer un buzz médiatique important auprès des premiers utilisateurs pour ce produit.
- Générer un minimum de 10 millions d'impressions, avec un coût par contact de moins de 0,005 $.

Considérations stratégiques

- Le premier produit audio grand public de Sanyo a été sa radio à transistors en 1956.
- Le Canada est l'un des principaux pays utilisateur d'Internet et de Wi-Fi dans les bureaux et les ménages.
- Le Canada compte parmi les mix multiculturels les plus élevés au monde, avec Toronto, Montréal et Vancouver qui sont les villes les plus multiculturelles au pays.
- Le Canada possède une pléthore de médias d'information servant ce mélange multiculturel, y compris la radio.

Audiences cibles

- Hommes « adopteurs » de technologie de 30 à 40 ans
- Nouveaux Canadiens
- Les clients louant des chambres dans les hôtels les plus innovants ou haut de gamme

Marchés cibles

- Région élargie du Golden Horseshoe: 6,6 millions, incluant Ottawa, Peterborough, Kingston, Barrie, London, Guelph, Kitchener, Windsor,
- Corridor Calgary/Edmonton : 1,9 million
- Vancouver et la partie continentale inférieure de la Colombie-Britannique, y compris Whistler: 2,6 millions
- Maritimes

Tactiques

- Exclusivité de 3 jours à 680 News, combinés à un concours promotionnel (23 octobre)
- Lancement de Sanyo Canada le 27 octobre, exclusivité mondiale (lancement de Sanyo aux États-Unis le 2 décembre 2008)
- Distribution sur fil de presse avec photo dans le cadre du dossier de presse Marketwire/PC
- Séance photo de La Presse Canadienne incluant des photos du produit seul et des photos du produit avec un mannequin. Le photographe de la PC, Dave Starrett, a capturé une belle image générique du centre-ville en arrière-plan, comme indiqué.
- Programme de prêt de produits: tous les produits ont ensuite été achetés par les médias.
- Relations avec les médias chinois et sud asiatiques menées par Dynasty Advertising and Public Relations, Markham, ON. Adaptation des supports médiatiques anglais.

Résultats

- Nombre total de parutions médias: 259
- Nombre total de parutions imprimées: 54
- Nombre total de parutions web : 202
- Nombre de reprises des photos de la PC : 131
- Nombre total d'impressions MRP capturées: 64 724 939
- Frais: 10 587,79 $
- Dépenses: 5 600,00 $
- Total: 16 187,79 $
- Coût par impression: 0,001 $
- MRP: 81,55 %
- Valeur en publicité: 620 263,27 $

COMMUNIQUÉ DE PRESSE

SANYO annonce le lancement d'une toute nouvelle webradio

Concord (Ontario), le 27 octobre 2008 – Cinquante-deux ans après le lancement de l'un des premiers transistors au monde, SANYO revient à l'avant-plan en lançant sur le marché canadien une toute nouvelle webradio FM stéréo… la R227. Cet appareil pratique donne un accès de grande qualité à des milliers de stations Internet provenant de partout dans le monde, avec toute l'efficacité de l'Internet mobile.

Dotée de la technologie Wi-Fi, la Webradio R2777 de SANYO fait usage d'une interface audio Internet facile à utiliser qui permet de syntoniser des milliers de stations Internet et d'émissions baladodiffusées provenant de partout dans le monde, et ce, sans avoir à payer de frais d'abonnement.

Des images haute résolution du produit peuvent être visionnées sur www.marketwire.com/sanyo

Appareil idéal pour la chambre à coucher, la pièce de détente, la cuisine, le bureau et même dans la chambre d'hôtel, la webradio de Sanyo assure l'accès au réseau avec commandes lors de l'utilisation sur un réseau local sans fil sécurisé. Il est également possible de faire une recherche par pays ou par genre. En outre, l'appareil offre 8 préréglages de stations Internet, ainsi que 8 préréglages de stations de radio au moyen du syntoniseur numérique FM stéréo.

De déclarer M. Barry Richler, vice-président, division Produits grand public, SANYO Canada inc. : « Le Canada est l'un des pays les plus multiculturels et les plus densément peuplés en milieu urbain dans le monde. De ce fait, la webradio R227 de SANYO vient répondre aux besoins des mordus de la radio. Dans de nombreux coins éloignés de la planète, il est difficile de syntoniser convenablement des stations radio sur les postes de radio à ondes courtes traditionnels. Il est également difficile de recevoir clairement des signaux AM dans la plupart des tours d'habitation ou des tours de bureaux au centre-ville. Ces problèmes sont facilement résolus grâce à la lecture audio en transit fournie par des appareils comme la webradio R227. Celle-ci permet d'écouter une variété d'émissions provenant de stations FM, telles que WFUV de New York ou CKUA de Calgary, sans devoir utiliser un ordinateur et rester assis devant celui-ci. Grâce à cette nouvelle webradio, vous redécouvrirez les joies de la radio. »

La webradio R227 est dotée de nombreuses autres caractéristiques : réveil au son des stations Internet de la radio FM, deux excellents haut-parleurs stéréo, télécommande, Wi-Fi, prise Ethernet, prise d'entrée pour lecteur MP3/WMA, prise pour écouteurs et prise de sortie pour chaîne stéréo externe. La webradio R227 est dotée de nombreuses autres caractéristiques : réveil au son des stations Internet de la radio FM, deux excellents haut-parleurs stéréo, télécommande, Wi-Fi, prise Ethernet, prise d'entrée pour lecteur MP3/WMA, prise pour écouteurs et prise de sortie pour chaîne stéréo externe. La simple touche de mise en marche/arrêt de l'appareil nous évite d'avoir à arrêter et redémarrer l'ordinateur ou le lecteur multimédia. En outre, elle fournit un fond sonore lorsque vous travaillez à l'ordinateur…sans avoir à redémarrer celui-ci en raison des mises à jour trop fréquentes effectuées par les fournisseurs de logiciels.

Très compacte, la webradio R227 mesure 215 x 140 x 110 mm/6,5 x 5,6 x 4,4 po (l x h x p) et sera disponible au Canada d'ici la fin d'octobre 2008. La R227 accepte les fichiers son tels que AAC, AIFF, MP3, RM, WAV, WMA, ainsi que les listes d'écoute M3V stockées sur un ordinateur en réseau. L'appareil sera vendu au début dans un fini lustré en bois noir chez des détaillants choisis, au prix de détail suggéré par le fabricant de 219,99 $.

Fondée en 1958, SANYO Canada est située à Concord en Ontario (une banlieue commerciale au nord de Toronto). Fondée en 1947 à Osaka au Japon, SANYO, qui signifie « trois océans », affiche des ventes de 22 milliards de dollars dans le monde entier. L'entreprise fournit une gamme complète de produits SANYO pour les consommateurs et l'industrie, dont des appareils photo numériques, des téléphones sans fil, des projecteurs et moniteurs ACL, des systèmes de sécurité vidéo, des climatiseurs et appareils ménagers. SANYO est également le plus important fabricant de piles rechargeables au monde. Les efforts environnementaux de SANYO portent surtout sur les produits pour panneaux photovoltaïques, la réfrigération sans fluorocarbone et des solutions pour véhicules électriques pour la Ford Escape Hybrid et la Honda Accord). SANYO est également un important fabricant d'équipements de laboratoire et d'incubateurs à dioxyde de carbone. Pour de plus amples renseignements, visitez le site www.sanyo.ca.

Les détaillants peuvent vendre l'appareil à un prix inférieur.

Des images haute résolution du produit peuvent être visionnées sur www.marketwire.com/sanyo/

– 30 –

Pour l'information aux médias ou pour en savoir davantage à propos des prêts d'appareils, veuillez contacter : *[Nom, téléphone de bureau, téléphone cellulaire et adresses courriel du professionnel des relations publiques, du client et du tiers, le cas échéant]*

Étude de cas – Pèlerinage canadien en canot

(Gagnant, Prix ARS de la SCRP Toronto: Argent, Relations avec les médias, 2018; Gagnant, Prix national du SCRP: Bronze, Relations avec les médias, 2019)

Préambule

En 1967, 24 jésuites ont pagayé en canot du Sanctuaire des martyrs près de Midland, en Ontario, jusqu'à l'Expo 67 à Montréal, soit une distance de 850 kilomètres. Cela a pris 21 jours. En se basant sur une carte, un voyage répétant exactement le même trajet, avec un groupe de base de 30 pagayeurs (environ un tiers de jésuites, un tiers d'Autochtones et un tiers de collaborateurs laïcs), a été accompli avec succès en juillet et août 2017, mais cette fois, en poursuivant le travail de la Commission de vérité et réconciliation. Célébrant également le 150e anniversaire du Canada, le voyage a duré 25 jours.

Objectifs

- Poursuivre le travail de la Commission de vérité et réconciliation du Canada (CVR) en soutenant une communauté de pagayeurs composée de peuples autochtones, de jésuites, de Canadiens anglais et français, de jeunes et d'adultes plus âgées, d'hommes et de femmes.
- Collecte de fonds pour le Pèlerinage canadien en canot (PCC), ainsi que pour les apostolats des jésuites au Canada anglais.
- Sensibilisation au rôle important des jésuites dans la fondation du Canada.
- Sensibilisation accrue aux jésuites pour ceux qui envisagent une vocation religieuse ou qui soutiennent l'un des apostolats des jésuites au Canada.

Médias cibles

- Fournisseurs de nouvelles sur Internet via une distribution par fil de presse payant
- Journaux communautaires et stations de radio et de télévision le long du parcours
- Les maires/députés provinciaux/députés fédéraux ont reçu des lettres et des invitations aux médias concernant l'itinéraire
- Médias nationaux, comme CBC
- Facebook, avec moins de concentration sur Twitter et Instagram
- Médias jésuites et catholiques

Marchés cibles

- Midland/Barrie/Orillia: Messe de lancement et événement au parc Sainte-Marie, le 21 juillet
- Rivière des Français/Sudbury/North Bay: événement spécial au centre des visiteurs de la rivière des Français, le 28 juillet
- North Bay: Événement spécial à la maison mère des Sœurs de Saint-Joseph, le 31 juillet
- Mattawa: Dîner spécial à la paroisse Sainte-Anne, le 2 août
- Pembroke: Événement spécial chez les Sœurs de Saint-Joseph, le 6 août
- Ottawa: Événement spécial au Royal Ottawa Golf Club, le 10 août
- Montréal: Événement spécial de débarquement à la Villa St-Martin, le 14 août
- Kahnawake: Débarquement final, 15 août

Parties prenantes

- Les jésuites au Canada anglais et français, ainsi que les jésuites au sein de la Conférence jésuite Canada-États-Unis
- Peuples autochtones du Canada
- Paroisses locales le long du parcours

- Jeunes adultes
- Gouvernements fédéral et provinciaux, et administrations régionales et municipales
- Partenaires médias

Stratégie

Utiliser l'angle médiatique local du pèlerinage se déplaçant à travers divers endroits pour construire une histoire nationale, ainsi que des messages-clés qui serviront de tremplin à l'appel à l'action de la Commission de vérité et réconciliation.

Tactiques

- Un fil de presse payant (Meltwater) a été utilisé pour le communiqué de presse initial trois mois avant le lancement et pour l'invitation aux médias.
- Des invitations aux médias ont été distribuées avant chaque événement médiatique majeur, y compris ceux pour le débarquement de la rivière des Français et pour des événements à North Bay, Mattawa, Pembroke, Ottawa et Montréal.
- Les médias sociaux ont été utilisés, notamment une page Facebook, Twitter et Instagram.
- Un communiqué de presse a été distribué après le débarquement réussi à Kahnawake.
- Vidéographie et photographie intégrées avec l'ensemble du voyage, qui ont été largement utilisées par les médias pour la rédaction et la diffusion d'histoires, avec une grande quantité d'images collectées pour un documentaire récapitulatif du voyage.

Messages-clés

Énoncé de mission: « *Pagayer ensemble* »

Le Pèlerinage canadien en canot rassemble différentes cultures qui forment le tissu du Canada aujourd'hui. Le pèlerinage offrira une expérience de rencontre qui encouragera le dialogue, la réconciliation et l'amitié. Nous sommes plongés dans les appels à l'action lancés par la Commission de vérité et réconciliation. Notre véhicule pour cette rencontre est un pèlerinage en canot sur 850 kilomètres, d'une durée de 25 jours, le long d'une route commerciale historique avec des pagayeurs des communautés autochtones, jésuites, canadiennes anglaises et françaises, des hommes et des femmes, des jeunes et des plus âgés.

Messages principaux

1) Réunir différentes cultures ...

Le Canada est une mosaïque. Nous sommes à notre meilleur lorsque nous célébrons et encourageons la diversité, ainsi que notre compréhension et notre appréciation des différentes cultures et traditions. Le simple fait d'être avec l'autre et de vivre ensemble alimente cet apprentissage.

2) Encourager les compétences nécessaires au dialogue, à la réconciliation et à l'établissement de relations ...

Notre société se polarise de plus en plus. Les habiletés nécessaires pour combattre cette division sont le dialogue et l'écoute active, la confiance et le respect du point de vue de l'autre, et le développement de la capacité de partager nos propres vulnérabilités.

3) Augmenter la notoriété de la Commission de vérité et réconciliation du Canada et ses appels à l'action ...

Les appels à l'action de la CVR nécessitent une participation immédiate et active, afin de reconnaître les injustices passées et actuelles auxquelles ont été et sont encore confrontés les peuples autochtones du Canada. C'est cette participation active qui mène à la confiance et à l'établissement de relations qui sont nécessaires à la réconciliation.

4) S'appuyer sur nos traditions riches et variées ...

Nos diverses traditions sont de riches sources de sagesse. Nous devons mieux comprendre ces enseignements de nos ancêtres afin que leur richesse puisse être partagée avec les générations à venir.

5) Favoriser un respect, une immersion et une connexion plus profonds avec toute la nature qui nous entoure ...

Nous vivons une crise écologique. Les scientifiques et plusieurs chefs de gouvernements soulignent la nécessité d'un changement important et rapide. Le pape François et d'autres dirigeants, en solidarité avec les peuples autochtones (qui ont toujours valorisé une vie en harmonie avec la nature), soulignent l'urgence d'une conversion personnelle et collective.

Équipe RP

- Mark Hunter LaVigne, MA, ARP, FSCRP (directeur des relations publiques, agence/consultant)
- Erica Zlomislic (Chargée de communication, Jésuites au Canada anglais)
- Adam Pittman, SJ (Logistique RP intégrée)
- Marco Veilleux (Chargé de communication, Jésuites au Canada français, Événement à Montréal)

Porte-paroles

- Erik Sorensen, SJ (Jésuite participant, directeur et porte-parole du voyage)
- Kevin Kelly, SJ (porte-parole suppléant, coordonnateur, logistique et collecte de fonds)
- Paul Jacques (navigateur intégré, porte-parole autochtone)

Vidéographie / Photographie

- Tim Wilson (directeur)
- Eric Miller (vidéographe participant)

- Dominik Haake (photographe participant)

Conseillers RP
- Ian Ross, ARP
- Daniel Granger, C.M., LL.B., MBA, ARP, FSCRP
- Pierrette Leonard, ARP, FSCRP

Résultats
- Nombre total d'impressions: 43 546 773
- Nombre total de parutions: 180
- Nombre total de parutions en anglais: 137
- Nombre total de parutions en français: 43
- Nombre total de parutions imprimées/en ligne: 86
- Nombre total de parutions diffusées: 94
- Frais totaux: 59 325 $
- Dépenses totales: 7700 $
- Total des honoraires/dépenses: 67 025 $
- Coût total par impression: 0,0015 $
- MRP: 90,81 %

Faits saillants médiatiques
- CBC.ca promo du documentaire *The National*
- Documentaire de 11 minutes à l'émission *The National* sur CBC à l'occasion de la fête du Travail, 2017
- Journal télévisé *APTN National*

Premières pages
- *Midland Mirror*
- *Orillia Packet and Times*
- *North Bay Nugget*
- *Pembroke Daily Observer*

ARTICLE POUR UTILISATION POSSIBLE PAR LES MÉDIAS

[REMARQUE: l'article suivant est rédigé de telle manière qu'il pourrait être diffusé tel quel dans un média (très probablement un journal régional ou local). Ces articles sont parfois encore appelés « matte articles » en anglais, en référence à leur origine, alors qu'ils étaient produits en format papier prêt à imprimer; un journal local pouvait les inclure « tels quels » dans ses pages formatées, sans avoir à les recomposer].

Des jeunes pagayent des centaines de kilomètres cet été, œuvrant à la réconciliation avec les peuples autochtones

Plus de 30 personnes, soit des pagayeurs autochtones, jésuites, et canadiens anglais et français, entreprendront un voyage en canot d'un mois sur une distance de 850 kilomètres, le 21 juillet, en réponse aux appels à l'action de la Commission de vérité et réconciliation.

Suivant une route commerciale traditionnelle de canotage des Premières Nations, le Pèlerinage canadien en canot (PCC) commencera à Midland, en Ontario, aux abords de la baie Georgienne, traversera la rivière des Français, le lac Nipissing, les rivières Mattawa et Ottawa et se terminera près de Montréal.

« Nous retrouvons cette route historique à l'occasion du 150ᵉ anniversaire de la nation canadienne, mais plus important encore, nous essayons de travailler à la réconciliation des Canadiens », déclare Erik Sorensen, SJ, chef de projet du PCC. « Étant membre de la Compagnie de Jésus, un groupe qui avait un pensionnat qui a joué un rôle important dans les efforts de colonisation par les premiers Européens, j'ai l'impression de participer à une dynamique de guérison collective qui nous amène à changer la façon dont nous faisons les choses. »

« J'espère en apprendre beaucoup sur les cultures qui seront présentes », déclare Andrew Starblanket, qui est Nêhiyaw et représentera la Première Nation Starblanket de la Saskatchewan lors du voyage. « Je suis sûr que je vais en apprendre beaucoup sur moi-même et sur les autres. »

« Le 150ᵉ anniversaire de l'Ontario nous donne l'occasion de réfléchir à ce que nous sommes et à ce que nous espérons être », a déclaré Eleanor McMahon, ministre du Tourisme, de la Culture et du Sport. « Le Pèlerinage canadien en canot donnera aux gens la possibilité d'entrer en contact avec une partie significative de notre histoire, de découvrir par eux-mêmes les paysages à couper le souffle de notre province et de voir tout ce que nous pouvons accomplir en travaillant ensemble. »

Le Pape François, qui est jésuite, favorise une « culture de la rencontre », une culture dans laquelle nous rejoignons les autres là où ils en sont, dans laquelle nous offrons accueil et hospitalité, et dans laquelle nous sommes émus avec compassion et portons le désir de traiter toutes les personnes avec dignité.

« L'essence de cette rencontre n'est pas d'abord de faire quelque chose, il s'agit beaucoup plus de simplement être l'un avec l'autre, à travers nos cultures et nos traditions respectives », explique Kevin Kelly, SJ, coorganisateur du PCC. « Se rencontrer, cela veut dire être soi-même et être ouvert à l'autre. Cette expérience d'immersion dans la nature aidera également les participants à mieux comprendre la crise écologique à laquelle nous sommes actuellement confrontés, en particulier l'importance de l'eau, notre devoir de la respecter et d'en faire bon usage. »

L'itinéraire provisoire du PCC ci-dessous montre les principales haltes, mais veuillez noter qu'il pourrait y avoir des changements en raison de considérations logistiques et des conditions météorologiques.

21 juillet: Départ de Sainte-Marie-au-pays-des-Hurons (Midland, ON)
28 juillet: Centre des visiteurs du parc provincial de la rivière des Français
31 juillet: North Bay, ON
2 août: Mattawa, ON
3 août: Deux Rivières, ON
4 août: Stonecliffe, ON
5 août: Deep River, ON
6 août: Pembrooke, ON
7 août: Portage-du-Fort, QC
8 août: Arnprior, ON
9/10 août: Ottawa, ON
11 août: Thurso, QC
12 août: Hawkesbury, ON
13 août: Hudson, QC
14 août: Montréal, QC
15 août: Territoire de la Première Nation Kahnawake (près de Montréal)

Le grand public pourra se joindre au PCC lors des événements spéciaux qui seront organisés à certaines haltes importantes le long de l'itinéraire.

Le Pèlerinage canadien en canot a été rendu possible grâce à la générosité des donateurs, dont The Miller Group, le « Fond de Célébration Communautaire des 150 ans » du Gouvernement de l'Ontario, le Réseau des rivières du patrimoine canadien, Parcs Canada et les Parcs de l'Ontario. Le site historique de Sainte-Marie-au-pays-des-Hurons et le Sanctuaire des martyrs du Canada soutiennent aussi le PCC en accueillant l'événement de lancement le 21 juillet.

Le Pèlerinage canadien en canot (PCC) est un projet inspiré de la Commission de vérité et réconciliation du Canada (CVR), dans l'espoir d'encourager le dialogue et l'apprentissage interculturel et interreligieux. Les participants, autochtones et non autochtones, seront immergés dans les coutumes et les traditions des uns et des autres. Grâce à cette immersion, l'objectif est de favoriser un profond respect, la confiance, le dialogue et, espérons-le, l'amitié; autant d'éléments nécessaires à une authentique réconciliation.

L'itinéraire suivi par le PCC est une route commerciale traditionnelle des

Premières Nations qui a été parcourue par les premiers colons européens tels Samuel de Champlain et Jean de Brébeuf, qui ont été accueillis et guidés par les peuples

L'itinéraire suivi par le PCC est une route commerciale traditionnelle des Premières Nations qui a été parcourue par les premiers colons européens tels Samuel de Champlain et Jean de Brébeuf, qui ont été accueillis et guidés par les peuples autochtones de cette terre. Ce pèlerinage commencera à Sainte-Marie-au-pays-des-Hurons à Midland, sur les rives de la baie Georgienne, le 21 juillet. L'itinéraire suit un parcours similaire à celui qu'ont suivi 24 jeunes jésuites en 1967. Pour plus d'informations et pour faire un don, rendez-vous sur www.canoepilgrimage.com.

– 30 –

COMMUNIQUÉ DE PRESSE

Des jeunes pagaient des centaines de kilomètres cet été, travaillant à la réconciliation avec les peuples autochtones

Toronto, ON, le 20 avril 2017 – Le 21 juillet 2017, une équipe de plus de 30 personnes, composée de pagayeurs autochtones, jésuites, et canadiens anglais et français, se lancera dans un parcours de canot de plus de 800 kilomètres en un mois, en réponse aux appels à l'action de la Commission de vérité et réconciliation.

Suivant une route traditionnelle de commerce fluvial des Premières Nations, le Pèlerinage canadien en canot (PCC) débutera à Midland, en Ontario, aux abords de la baie Georgienne, empruntera ensuite la rivière des Français, le lac Nipissing, les rivières Mattawa et Ottawa et se terminera près de Montréal.

« Nous retrouvons cette route historique à l'occasion du 150ᵉ anniversaire de la nation canadienne, mais plus important encore, nous essayons de travailler à la réconciliation des Canadiens », déclare Erik Sorensen, SJ, chef de projet du PCC. « Étant membre de la Compagnie de Jésus, un groupe qui avait un pensionnat qui a joué un rôle important dans les efforts de colonisation par les premiers Européens, j'ai l'impression de participer à une dynamique de guérison collective qui nous amène à changer la façon dont nous faisons les choses. »

« J'espère en apprendre beaucoup sur les cultures qui vont être là », déclare Andrew Starblanket, qui est Nēhiyaw et représentera la Première Nation Starblanket de la Saskatchewan lors du voyage. « Je suis sûr que je vais apprendre beaucoup sur moi-même et sur les autres. »

« Le 150ᵉ anniversaire de l'Ontario nous donne l'occasion de réfléchir sur ce que nous sommes et sur ce que nous espérons être », a déclaré Eleanor McMahon, ministre du Tourisme, de la Culture et du Sport. « Le Pèlerinage canadien en canot donnera aux gens la possibilité d'entrer en contact avec une partie significative de notre histoire, de découvrir par eux-mêmes les paysages à couper le souffle de notre province et d'envisager tout ce que nous pouvons accomplir en travaillant ensemble. »

Le Pape François, qui est jésuite, favorise une « culture de la rencontre », une culture dans laquelle nous rejoignons les autres là où ils en sont, dans laquelle nous offrons accueil et hospitalité, et dans laquelle nous sommes émus avec compassion et portons le désir de traiter toutes les personnes avec dignité. « L'essence de cette rencontre n'est pas d'abord de faire quelque chose; il s'agit beaucoup plus de simplement être l'un avec l'autre, à travers nos cultures et nos traditions respectives, » explique Kevin Kelly, SJ, coorganisateur du PCC. « Se rencontrer, cela veut dire être soi-même et être ouvert à l'autre. Cette expérience d'immersion dans la nature aidera également les participants à mieux comprendre la crise écologique à laquelle nous sommes actuellement confrontés, en particulier l'importance de l'eau, notre devoir de la respecter et d'en faire bon usage. »

L'itinéraire provisoire du PCC présenté ci-dessous dresse une liste des principales haltes des pagayeurs. Il convient de préciser que ce programme pourra être modifié en raison de considérations logistiques ou des conditions météorologiques.

> 21 juillet – Départ de Sainte-Marie-au-pays-des-Hurons (Midland, ON)
> 31 juillet – North Bay, ON
> 2 août – Mattawa, ON
> 6 août – Pembroke, ON
> 9 août – Ottawa, ON
> 14 août – Montréal, QC
> 15 août – Territoire de la Première Nation Kahnawake (près de Montréal)

Le grand public pourra se joindre au PCC lors des événements spéciaux qui seront organisés à certaines haltes importantes le long de l'itinéraire.

Le Pèlerinage canadien en canot a été rendu possible grâce à la générosité des donateurs, dont The Miller Group, le « Fond de Célébration Communautaire des 150 ans » du Gouvernement de l'Ontario, le Réseau des rivières du patrimoine canadien, Parcs Canada et les Parcs de l'Ontario. Le site historique de Sainte-Marie-au-pays-des-Hurons et le Sanctuaire des martyrs du Canada soutiennent aussi le PCC en accueillant l'événement de lancement le 21 juillet.

À propos du Pèlerinage canadien en canot
Le Pèlerinage canadien en canot (PCC) est un projet inspiré par la Commission de vérité et réconciliation du Canada (CVR), dans l'espoir d'encourager le dialogue et l'apprentissage interculturels et interreligieux. Les participants, autochtones et non autochtones, seront immergés dans les coutumes et les traditions des uns et des autres. Grâce à cette immersion, l'objectif est de favoriser un profond respect, la confiance, le dialogue et, espérons-le, l'amitié; autant d'éléments nécessaires à une authentique réconciliation.

L'itinéraire suivi par le PCC est une route commerciale traditionnelle des Premières Nations qui a été parcourue par les premiers colons européens tels que Samuel de Champlain et Jean de Brébeuf, qui ont été accueillis et guidés par les peuples autochtones de cette terre. Ce pèlerinage commencera à Sainte-Marie-au-pays-des-Hurons à Midland, sur les rives de la baie Georgienne, le 21 juillet. Il se terminera le 15 août sur les rives du fleuve Saint-Laurent, sur le territoire de la

Première Nation Kahnawake, près de Montréal. La communauté des pagayeurs et pagayeuses qui effectuent ce voyage de 850 kilomètres en 25 jours comprend des Autochtones, des jésuites, et des Canadiens anglais et français, tous désireux de voyager ensemble sur un chemin de guérison et d'amitié. Le PCC suivra aussi le sillage d'une aventure similaire vécue par 24 jeunes jésuites en 1967. Pour plus d'informations ou pour faire un don, veuillez visiter: www.canoepilgrimage.com.

À propos des jésuites au Canada anglais

Les jésuites, un ordre de prêtres et de frères dans l'Église catholique romaine, ont travaillé au Canada depuis plus de 400 ans. Ils sont responsables de la direction d'écoles, de paroisses, de maisons de retraite et de divers ministères au service de la justice sociale qui s'étendent de St. John's, Terre-Neuve-et-Labrador à Vancouver, en Colombie-Britannique. Ils ont travaillé en étroite collaboration avec la CVR et ont publié un Acte public de réconciliation avec les Autochtones en 2013. Les jésuites mettent actuellement en œuvre les pistes d'action proposées par la CVR. Pour plus de détails, visitez www.jesuits.ca

– 30 –

Pour l'information aux médias et pour joindre le gouvernement, veuillez contacter : *[Nom, téléphone de bureau, téléphone cellulaire et adresses courriel du professionnel des relations publiques, du client et du tiers, le cas échéant]*

INVITATION AUX MÉDIAS

Un groupe de jeunes quittent Midland le 21 juillet et pagayeront des centaines de kilomètres pour travailler à la réconciliation avec les peuples autochtones

Toronto (Ontario), le 11 juillet 2017 - Plus de 30 personnes, dont des pagayeurs autochtones, jésuites, et canadiens anglais et français, quitteront Midland le 21 juillet à midi pour un voyage en canot de 850 kilomètres pendant un mois, en réponse aux appels à l'action de la Commission de vérité et réconciliation.

En aidant les Autochtones et les non Autochtones à s'immerger dans les coutumes et traditions de l'autre pendant un mois entier, le Pèlerinage canadien en canot (PCC) espère favoriser le respect, la confiance, le dialogue et, espérons-le, les amitiés; les éléments de base de la réconciliation.

Suivant une route commerciale traditionnelle de canotage des Premières Nations, le PCC commencera à Midland, en Ontario, puis remontera la baie Georgienne, traversera la rivière des Français, le lac Nipissing, les rivières Mattawa et Ottawa et se terminera près de Montréal.

Qui: Père Peter Bisson, SJ (Provincial, Jésuites au Canada anglais), William Baird (Directeur général, Sainte-Marie-au-pays-des-Hurons), Père Michael Knox, SJ (Directeur, Sanctuaire des martyrs), Gerry Marshall (Directeur, Comté de Simcoe et maire de la ville de Penetanguishene), Gord McKay (maire de Midland), Scott Wamock (maire du canton de Tay).

Quoi: Lancement du Pèlerinage canadien en canot, un voyage en canot de 850 kilomètres en réponse aux appels à l'action de la Commission de vérité et réconciliation.

Quand: Vendredi, 21 juillet, les cérémonies de lancement commencent à 12 h, une messe précédant le départ aura lieu à 10h30. Réception à 13h30 au restaurant Sainte-Marie.

Où: Le lancement aura lieu à partir du parc Sainte-Marie, situé sur le chemin Wye Valley, à côté du pont sur l'autoroute 12, au-dessus de la rivière Wye, entre le Sanctuaire des martyrs et Sainte-Marie-au-pays-des-Hurons, 16164 Highway # 12, Midland.

L'itinéraire du PCC ci-dessous montre les principales haltes, mais veuillez noter qu'il pourra y avoir des changements en raison de considérations logistiques et des conditions météorologiques.

21 juillet – Départ de Sainte-Marie-au-pays-des-Hurons (Midland, ON)
28 juillet – Centre d'accueil des visiteurs de la rivière des Français, parc provincial de la rivière des Français
31 juillet – North Bay, ON
2 août – Mattawa, ON
6 août – Pembroke, ON
9 août – Ottawa, ON
14 août – Montréal, QC
15 août – Territoire de la Première Nation de Kahnawake (près de Montréal)

Pour des photos, des vidéos et les communiqués de presse, veuillez visiter https://canopilgrimage.com/2017/04/20/press-release/

Le Pèlerinage canadien en canot a été rendu possible grâce à la générosité des donateurs, dont The Miller Group, le « Fond de Célébration Communautaire des 150 ans » du Gouvernement de l'Ontario, le Réseau des rivières du patrimoine canadien, Parcs Canada et les Parcs de l'Ontario. Merci également au site historique de Sainte-Marie-au-pays-des-Hurons et au Sanctuaire des martyrs du Canada qui ont accueilli l'événement de lancement le 21 juillet.

À propos du Pèlerinage canadien en canot
Le Pèlerinage canadien en canot (PCC) est un projet inspiré par la Commission de vérité et réconciliation du Canada (CVR), dans l'espoir d'encourager le dialogue et l'apprentissage interculturel et interreligieux. Les participants, autochtones et non autochtones, seront immergés dans les coutumes et les traditions des uns et des autres. Grâce à cette immersion, l'objectif est de favoriser un profond respect, la confiance, le dialogue et, espérons-le, l'amitié; autant d'éléments nécessaires à une authentique réconciliation.

L'itinéraire suivi par le PCC est une route commerciale traditionnelle des Premières Nations qui a été parcourue par les premiers colons européens, tels que Samuel de Champlain et Jean de Brébeuf, qui ont été accueillis et guidés par les peuples autochtones de cette terre. Ce pèlerinage commencera à Sainte-Marie-au-pays-des-Hurons à Midland, sur les rives de la baie Georgienne, le 21 juillet, et se terminera le 15 août sur les rives du fleuve Saint-Laurent, sur le territoire de la Première Nation Kahnawake, près de Montréal. La communauté des pagayeurs et pagayeuses qui effectuent ce voyage de 850 kilomètres en 25 jours comprend des Autochtones, des jésuites et des Canadiens anglais et français, tous désireux de voyager ensemble sur un chemin de guérison et d'amitié. Le PCC suivra aussi le sillage d'une aventure similaire vécue par 24 jeunes jésuites en 1967. Pour plus d'information ou pour faire un don, veuillez visiter: www.canoepilgrimage.com.

À propos des jésuites au Canada anglais

Les jésuites, un ordre de prêtres et de frères dans l'Église catholique romaine, ont travaillé au Canada depuis plus de 400 ans. Ils sont responsables de la direction d'écoles, de paroisses, de maisons de retraite et de divers ministères au service de la justice sociale qui s'étendent de St. John's, Terre-Neuve-et-Labrador à Vancouver, en Colombie-Britannique. Ils ont travaillé en étroite collaboration avec la CVR et ont publié un Acte public de réconciliation avec les Autochtones en 2013. Les jésuites mettent actuellement en œuvre les pistes d'action proposées par la CVR. Pour plus de détails, visitez www.jesuits.ca.

À propos de Sainte-Marie-au-pays-des-Hurons

La première communauté européenne de l'Ontario, Sainte-Marie-au-pays-des-Hurons, a été le siège de la Mission jésuite française auprès des Hurons-Wendat. En 1639, les jésuites, avec les laïcs français, ont commencé la construction d'une communauté clôturée comprenant des casernes, une église, des ateliers, des résidences et une zone abritée pour les visiteurs autochtones. En 1648, Sainte-Marie était le foyer, en pleine nature, de 66 Français, représentant un cinquième de la population totale de la Nouvelle-France. La brève histoire de Sainte-Marie a pris fin en 1649, lorsque des membres de la communauté de la mission ont été forcés d'abandonner et de brûler leur maison après presque 10 ans. À la suite de recherches archéologiques et historiques approfondies, Sainte-Marie-au-pays-des-Hurons est maintenant recréée sur son site d'origine, où l'histoire fascinante de la mission prend vie. Plus d'information est disponible au www.saintemarieamongthehurons.ca.

À propos du Sanctuaire des martyrs

Le Sanctuaire des martyrs, qui célèbre sa 90ᵉ saison, est le sanctuaire national des martyrs canadiens ainsi qu'un ministère des jésuites au Canada anglais. Cette maison de prière et foyer de paix rend hommage aux missionnaires jésuites et à leurs compagnons qui ont vécu, travaillé et qui sont morts ici, il y a plus de 350 ans. Il est situé à Midland, en Ontario, au cœur de la Confédération huronne du 17ᵉ siècle. Plus de 110 000 visiteurs du monde entier et de tous les horizons culturels sont accueillis, chaque année, dans le parc paysager de 75 acres du sanctuaire. Plus d'information disponible au www.martyrs-shrine.com.

COMMUNIQUÉ DE PRESSE

Des pagayeurs terminent leur pèlerinage de réconciliation de 850 km en canot sur le territoire Mohawk de Kahnawake

Toronto, ON, le 15 août 2017 – En réponse aux appels à l'action de la Commission de vérité et réconciliation du Canada (CVR), un groupe de plus de 30 pagayeurs autochtones, jésuites et canadiens anglais et français, vient de compléter un parcours en canot de 850 kilomètres en 25 jours.

Empruntant une route fluviale traditionnelle de commerce des Premières Nations, le PCC a débuté à Midland (Ontario) le 21 juillet, remontant la baie Georgienne à travers la rivière des Français, le lac Nipissing, la rivière Mattawa et la rivière des Outaouais, pour se conclure à Kahnawake, près de Montréal.

En permettant aux Autochtones et aux non Autochtones d'approfondir leurs relations et de se plonger dans les coutumes et les traditions des uns et des autres pendant un mois, le Pèlerinage canadien en canot (PCC) a favorisé le respect, la confiance, le dialogue et les amitiés, des éléments essentiels de la réconciliation.

« Ce voyage était très exigeant. Nous avons été exposés à toutes sortes de conditions météorologiques, allant des orages féroces au soleil brûlant », explique Erik Sorensen, 27 ans, pagayeur et responsable du PCC. « Le projet a également été à la hauteur de nos attentes: à travers les nombreuses conversations autour du feu, les visites d'aînés ou d'autres groupes, nous croyons que cela nous a permis de faire avancer la réconciliation. »

Le pagayeur autochtone et guide du voyage, Paul Jacques, un électricien de 30 ans du nord de l'Ontario, affirme: « C'était un honneur d'être le navigateur pour ce pèlerinage. » Il ajoute: « Je me suis fait des amis pour la vie dans ce parcours, et j'ai développé de nouvelles compétences et un sens du respect. J'ai maintenant plus d'espoir en notre avenir. »

Le Pèlerinage canadien en canot a été rendu possible grâce à la générosité de donateurs, dont The Miller Group, le « Fond de Célébration Communautaire des 150 ans » du Gouvernement de l'Ontario, le Réseau des rivières du patrimoine canadien, Parcs Canada et les Parcs de l'Ontario, ainsi que des congrégations religieuses et donateurs individuels. Merci aux communautés qui ont accueilli le pèlerinage au long de son parcours, et spécialement à Sainte-Marie-au-pays-des-Hurons et au Sanctuaire des martyrs du Canada qui ont accueilli l'événement de lancement le 21 juillet.

Le PCC a besoin de vos dons pour assurer les frais de cette initiative: https://www.canadahelps.org/dn/30907

Pour des photos, des vidéos et les communiqués de presse, rendez-vous au: https://canoepilgrimage.com/news

À propos du Pèlerinage canadien en canot

Le Pèlerinage canadien en canot est un projet inspiré de la Commission de vérité et réconciliation du Canada dans l'espoir d'encourager le dialogue et l'apprentissage interculturels et interreligieux. Les participants autochtones et non autochtones ont été immergés dans les coutumes et les traditions de chacun. Cette immersion avait pour but de favoriser le respect, la confiance, le dialogue et, espérons-le, l'amitié; des éléments essentiels à la réconciliation.

La route fluviale empruntée est un itinéraire commercial traditionnel des Premières Nations qui a été parcouru par les premiers colons européens, tels que Samuel de Champlain et Jean de Brébeuf, qui ont été accueillis et guidés par les peuples autochtones de ce territoire. Ce parcours reprend également celui emprunté par 24 jeunes jésuites, en 1967. Pour plus d'informations et pour faire un don, visitez: www.canoepilgrimage.com.

À propos des jésuites au Canada anglais

Les jésuites, un ordre de prêtres et de frères dans l'Église catholique romaine, ont travaillé au Canada depuis plus de 400 ans. Ils sont responsables de la direction d'écoles, de paroisses, de maisons de retraite et de divers ministères au service de la justice sociale qui s'étendent de St. John's, Terre-Neuve-et-Labrador à Vancouver, en Colombie-Britannique. Ils ont travaillé en étroite collaboration avec la CVR et ont publié un Acte public de réconciliation avec les Autochtones en 2013. Les jésuites mettent actuellement en œuvre les pistes d'action proposées par la CVR.

Pour plus de détails, visitez le www.jesuits.ca

– 30 –

Les dossiers de presse sur clé USB ont la cote

Les interactions face à face avec les médias, que ce soit lors d'entrevues individuelles ou à l'occasion d'événements médiatiques, requièrent un moyen pratique de fournir au journaliste un dossier de presse qui soit à la fois facile à utiliser et portatif.

Les coûts ont baissé pour la production de dossiers de presse sur clés USB.

Le journaliste spécialisé en technologie de pointe et électronique Gordon Brockhouse, ancien rédacteur en chef du magazine *Here's how*, conseille qu'un communiqué de presse en format papier d'une page accompagne la clé USB, afin que les journalistes qui sont sous pression puissent prendre la décision en cinq secondes, à savoir s'ils téléchargeront ou non le contenu de la clé USB sur leur ordinateur.

Il trouve également les dossiers de presse électroniques beaucoup plus faciles à utiliser que de devoir aller sur des sites Web à la recherche d'images, même lorsque des URL directes sont fournies. Il recommande que le communiqué de presse papier accompagnant le dossier de presse électronique comprenne un menu de ce qui se trouve sur la clé USB, afin d'accélérer encore davantage le traitement des nouvelles.

Les dossiers de presse électroniques deviennent particulièrement utiles lors d'événements médiatiques ou lors d'envois de produits matériels ou logiciels. Les relations avec les médias par courriel, si le protocole ci-dessus est suivi, sont également très efficaces. La combinaison des deux est la meilleure façon de procéder, de sorte que les principaux médias seront joints par deux canaux et pourront ainsi trouver au moins l'une des communications, sous la pression des délais de livraison.

Il est très important de garder à l'esprit les contraintes temporelles auxquelles sont confrontés les journalistes. Ipsos Reid, dans son enquête auprès des médias en 2005, a constaté qu'en moyenne, les journalistes économiques reçoivent environ 150 communiqués de presse par semaine (environ 18 % sont utilisés). Ils reçoivent également, en moyenne, 19 invitations à des conférences de presse par mois. En moyenne, un journaliste économique reçoit 60 rapports annuels par an (16 % sont utilisés rapidement), et 20 dossiers de presse par mois (19 % sont utilisés).

Conseils pour la diffusion de nouvelles par voie électronique

- Intégrez le communiqué de presse dans le corps du courriel. Les pièces jointes prennent beaucoup de temps à télécharger et peuvent être infectées par un virus. Par conséquent, de nombreux journalistes les suppriment simplement.

- Formatez le communiqué de presse que vous avez intégré dans le corps du courriel. Transférer le texte à partir d'un logiciel de traitement de texte créera toujours des aberrations peu esthétiques et difficiles à lire. Prenez le temps de les corriger avant de cliquer sur le bouton « envoyer ».

- Utilisez l'option Cci (copie carbone invisible) pour ajouter vos contacts. Sans quoi, tous les contacts ciblés pourraient facilement occuper une page ou deux avant le début du message. Cela frustrera le journaliste, qui pourrait alors simplement appuyer sur le bouton « supprimer ». En outre, il se peut que vous ne souhaitiez pas partager vos contacts avec tout le monde (sans parler des enjeux de confidentialité).

- Écrivez quelque chose de précis dans l'objet de votre courriel. Un objet comme « Communiqué de presse de l'entreprise XYZ » se perdra tout simplement dans la masse !

- Essayez de rechercher correctement l'essence (substance, le « beat ») de la nouvelle, afin que les médias soient ciblés correctement.

- Incluez les prix dans le communiqué de presse si celui-ci porte sur un produit, comme c'est souvent le cas pour les communiqués de presse du secteur de la haute technologie. Un grand nombre de pigistes travaillent lorsque les professionnels des relations publiques et leurs clients dorment. Assurez-vous que les prix sont en dollars canadiens!

- Incluez une URL directe dans le communiqué de presse, afin que les médias puissent accéder rapidement à une section du site Web du client pour récupérer des images haute résolution du produit ou d'autres fichiers volumineux et/ou longs, tels que des documents d'information, des rapports annuels et des livres blancs.

- Incluez un contact technique dans le communiqué, pour offrir de l'assistance lors de l'installation ou en cas d'autres problèmes.

Fiche d'information et exposé de position

Il y a un certain nombre de tactiques et de produits d'écriture de relations avec les médias que nous couvrirons brièvement dans les pages qui suivent. Beaucoup de ces documents peuvent être des éléments efficaces pour les dossiers de presse, les compilations de dossiers de presse électroniques et les sites Web. Nous allons commencer par une brève description de deux éléments assez similaires, soit la fiche d'information et l'exposé de position.

La fiche d'information (« factsheet »)

La fiche d'information aborde le passé et offre une mise en contexte. Il en existe plusieurs sortes:

- Problématique/solution
- Historique d'une organisation
- Historique d'un produit: comment est-il fabriqué, d'où vient-il, le processus, etc.
- Fiche d'information sur l'entreprise/organisation ou l'industrie
- Biographie d'une personne
- Réalisations

Exposé de position

Un exposé de position est également appelé livre blanc (« white paper ») ou notes de synthèse et est parfois confondu avec une fiche d'information. Toutefois, un exposé de position est tourné vers l'avenir, tandis qu'une fiche d'information est tournée vers le passé. En bref, un exposé de position ou un livre blanc est un rapport détaillé sur un problème ou une tendance concernant une organisation ou un secteur.

Un exposé de position peut être utilisé pour informer les porte-paroles en prévision d'une rencontre avec divers publics, tels que les médias ou les investisseurs. Il peut également être distribué aux leaders d'opinion et aux médias d'information pour leur indiquer la position d'une organisation sur un problème particulier (souvent lié à des modifications de réglementation ou d'une législation).

Les choses à faire et à ne pas faire lors de la rédaction de profils de personnalité

- Créez une image complète.
- Expliquez au lecteur qui est le sujet et pourquoi il est intéressant.
- Traitez le profil comme une interprétation, pas nécessairement une biographie officielle.
- Comprenez les motivations du sujet.
- N'écrivez pas par ordre chronologique. Commencez par expliquer pourquoi le sujet est intéressant, *en ce moment*.
- Demandez au sujet de réfléchir, de s'évaluer lui-même et de décrire ses bons et moins bons coups, ses hauts et ses bas.
- Ne vous concentrez pas uniquement sur son travail. Essayez de voir la personne entière, sous toutes ses facettes. Que fait-elle à la maison ? Quelles sont ses passions ?
- Décrivez la personne. Est-elle sérieuse, joviale, optimiste ? À quoi ressemble-t-elle sous le stress, au jeu, lorsqu'elle est détendue ?
- Gardez à l'esprit que les profils de personnalité peuvent souvent devenir le point de mire d'un reportage plus large sur une organisation.
- N'oubliez pas de chercher un angle accrocheur.

Profils organisationnels

Parfois, les profils de personnalité et les profils organisationnels peuvent se mélanger, dépendamment lequel présente l'angle le plus intéressant entre l'organisation ou l'individu.

Un profil organisationnel est similaire à une fiche d'information, mais rédigé dans le style d'un article de fond. Il comprend divers faits sur une organisation: ses objectifs, son activité principale, sa taille, sa position sur le marché, ses revenus, ses produits et ses principaux dirigeants. Une grande partie de cela finit par servir de paragraphe d'identification pour un communiqué de presse. Les anniversaires majeurs ou les changements dans une entreprise conduisent souvent à la création d'un profil d'entreprise historique: « Il y a trente ans, XYZ Corporation a commencé dans le garage de Larry ... »

Éléments et caractéristiques d'un article de fond

Le format d'un article de fond est similaire à celui d'un communiqué de presse, fournissant des contacts, des titres et des dates clés, mais il est souvent utilisé pour générer une couverture pour des nouvelles qui ne sont pas de l'actualité et pour fournir un contexte ou un historique.

Éléments

- *Titre*: Informatif ou créatif (jeu de mots, calembour, allitération, rimes).
- *Préambule*: Le préambule d'un communiqué de presse est un résumé des faits. Le préambule d'un article de fond est beaucoup plus doux et commence par l'enjeu principal, qui vise à attirer l'attention.
- *Corps*: Il peut être aussi long que nécessaire pour raconter l'histoire, jusqu'à 10 pages. Cependant, le médium dicte le message. Un article de fond concernant l'alimentation est souvent composé de 500 à 750 mots. Les articles de fond concernant le monde des affaires peuvent comprendre entre 1 000 et 2 000 mots, tout comme ceux portant sur des sujets de divertissement. Les journaux ont moins d'espace, alors que les magazines en ont plus.
- *Résumé*: Les résumés des communiqués de presse incluent souvent un paragraphe d'identification. Les résumés des articles de fond renforcent le nœud de l'histoire.

Caractéristiques

Une image vaut mille mots. Un article de fond peut fournir l'étendue de cette image avec:

- Une approche de vente non agressive – utilisez le nom du client ou du produit avec parcimonie.
- Une utilisation extensive des citations.
- Une utilisation colorée de mots descriptifs, rendant un article de fond amusant à lire.

Les articles de fond peuvent être distribués et utilisés de plusieurs manières:

- Distribuez-le à diverses publications.
- Rédigez une exclusivité pour une publication.
- Intéressez un journaliste pigiste ou un journaliste à une histoire.
- Publiez-le sur le site Web de l'organisation.
- Achetez de l'espace (publireportage).

Les opportunités de placement existent dans les:

- Rubriques de journaux spécialisés (automobile, alimentation, immobilier, etc.)
- Magazines généraux et spécialisés
- Publications d'affaires et spécialisées
- Publications internes
- Magazines Web et sites Web

Annonces d'intérêt public

Les annonces d'intérêt public (AIP) sont largement utilisées à la radio, mais le sont moins à la télévision. Les AIP sont également utilisées dans la presse écrite, en particulier dans les sections dédiées aux événements communautaires. Des radiodiffuseurs comme CBC et CTV, ainsi que des stations de radio, offrent du temps d'antenne gratuit pour un certain nombre d'annonces d'intérêt public.

Les annonces d'intérêt public sont utilisées pour promouvoir des programmes gérés par des organisations à but non lucratif et par le gouvernement (à l'exclusion des annonces électorales). Parfois, les programmes d'information des organisations professionnelles sont admissibles.

Le contenu devrait être validé auprès de quelques responsables des annonces d'intérêt public à la radio et à la télévision.

Les AIP sont généralement diffusées en dehors des heures de grande écoute, mais le fait d'avoir des célébrités à titre de porte-paroles a une valeur inestimable afin d'obtenir une fréquence plus élevée de diffusion, ainsi que pour être diffusé durant les périodes d'écoute les plus achalandées.

Pour la radio et la télévision, les annonces d'intérêt public doivent être écrites en MAJUSCULES et à double interligne. Elles doivent varier en longueur (par exemple, 60 secondes, 30 secondes, 15 secondes) pour maximiser la flexibilité de leur diffusion. Lors de leur enregistrement sous forme vidéo et/ou audio, les formats MP3 et MPEG-4 conviennent. Les adresses des sites Web devraient être incluses.

Si possible, rendez le contenu des annonces aussi local que possible, afin de maximiser l'intérêt.

Les AIP les plus utilisées concernent les enfants, la santé et la sécurité. De nombreuses organisations sans but lucratif publient des annonces d'intérêt public sur leur site Web.

Dépliant ou brochure

Vous devez vous poser un certain nombre de questions avant de développer un dépliant ou une brochure:

- Qui est le public principal ?
- Comment sera-t-il distribué ?
- À quoi ressemble la base de données de l'organisation ? Comprend-elle également des adresses courriel ?
- Quel est le budget disponible ?
- Quel est l'objectif ?

Lors de l'élaboration d'un dépliant ou d'une brochure pour une organisation, la première étape consiste à créer un plan formel, qui devrait inclure les éléments suivants:

- Préambule
- Objectifs
- Considérations stratégiques
- Document d'information sur le produit ou l'organisation
- Publics et marchés cibles
- Trois messages-clés

Une fois le plan approuvé, un scénario ou canevas (*story-board*) devrait être créé. Lorsque vous produisez le dépliant ou la brochure, assurez-vous de concevoir également une version électronique qui pourra être utilisée comme un dépliant électronique.

Lettre ouverte

Qu'est-ce qu'une lettre ouverte ou un « Op-ed » et quand est-il utile ?

« Op-ed » est l'abréviation de « opposite the editorial page » (en regard de la page éditoriale), un concept qui a vu le jour dans le New York Times. Un « Op-ed », ou lettre ouverte, est un article, *et non* un essai, qui construit un argumentaire pour faire valoir une position. C'est une excellente occasion pour les individus et/ou les organisations de rejoindre un public de leaders d'opinion, ainsi que pour les dirigeants d'une organisation de devenir le porte-parole d'une industrie, d'une cause ou d'un problème particulier. (Les groupes industriels, les universités et les groupes de réflexion sont souvent à l'origine de telles pièces).

C'est aussi un moyen, pour une organisation, de faire connaître la « vraie » histoire. Au Québec, La Presse +, et Le Devoir sont les principaux médias pour la publication de lettres ouvertes, tandis que Le *Globe and Mail* et le *National Post* sont les chefs de file des lettres ouvertes au Canada. Mais les journaux régionaux publient également des lettres ouvertes, tels que Le Soleil, Le Droit, Le Nouvelliste, La Tribune, Le Quotidien, ou le *Toronto Star*, le *Montreal Gazette* le *Ottawa Citizen* (un bon endroit pour des articles avec une orientation ou une cible politique) ou le *Calgary Herald* (surtout pour les problèmes liés à l'exploitation du pétrole).

Des lettres ouvertes peuvent également être publiées à l'intérieur de publications professionnelles visant des industries précises.

Conseils pour la rédaction et l'envoi de lettres ouvertes

- Gardez le texte entre 400 et 750 mots (la longueur privilégiée par les quotidiens).
- Présentez une idée principale ou un thème unique.
- Adoptez un point de vue éditorial clair sur les problèmes sociaux actuels, une situation particulière ou l'actualité.

- Faites valoir votre position dans le premier paragraphe, puis appuyez votre opinion avec des faits et des statistiques (il devrait y avoir un rapport de 20 pour cent d'opinion pour 80 pour cent de faits).
- Utilisez des phrases déclaratives courtes.
- Évitez le « je »; écrivez à la troisième personne journalistique.
- Utilisez des verbes actifs plutôt que passifs.
- Décrivez les antécédents de l'auteur dans la lettre ou la note d'accompagnement.
- Suivez la pratique standard en offrant la lettre d'opinion à une seule publication à la fois.
- Interrogez les éditeurs avant d'envoyer une lettre d'opinion pour voir s'il existe un intérêt et quels sont leurs exigences particulières quant à la longueur du texte et au contenu.

Lettres au rédacteur en chef

Une lettre au rédacteur en chef est un moyen efficace de réfuter ou d'élaborer sur une récente couverture de l'actualité ou des colonnes d'opinion précédentes. Voici quelques conseils:

- Vérifiez toujours à qui l'envoyer et les exigences de la publication.
- Soyez bref — 100 à 200 mots ou moins.
- Soyez modéré, factuel et sans émotion.
- Identifiez le sujet dans le premier paragraphe.
- Identifiez l'article ou l'éditorial, s'il s'agit d'une réponse, quand et où il a été publié (parfois, un journal aime publier des opinions contestant ses concurrents).
- Énoncez le thème de la lettre dans le deuxième paragraphe (d'accord, pas d'accord, vous souhaitez des éclaircissements sur quelque chose).
- Donnez votre point de vue avec des faits pour l'appuyer dans les paragraphes qui suivent.
- Indiquez votre nom, votre titre, votre organisation et votre numéro de téléphone/adresse courriel à la fin de la lettre. Les publications contactent souvent les rédacteurs de lettres à des fins de confirmation.

Ne soyez pas un « voleur de temps »

Scott White, un vétéran de longue date du monde des médias, conseille à la communauté des relations publiques de ne pas être des « voleurs de temps » lorsqu'il s'agit d'interagir avec les journalistes qui sont extrêmement occupés.

White, ancien rédacteur en chef de La Presse Canadienne, note que « le travail principal de la PC est de couvrir les événements d'actualité de la journée, en préparant du matériel pour un public national. Donc, ce qui pourrait plaire à l'équipe du matin d'une station de radio FM ne sera probablement pas très intéressant pour la PC ».

Faire un suivi concernant la couverture de nouveaux produits et présenter la nouvelle à plusieurs rédacteurs au sein de la PC irrite non seulement inutilement les journalistes, mais vole en fait un temps précieux à l'opération de couverture de l'actualité qui est soumise à des délais serrés, minute par minute, 24/7, d'où le terme « voleurs de temps » de White.

« Nous recevons chaque jour des centaines de communications de professionnels des relations publiques », a-t-il déclaré. « Certains de nos rédacteurs, en particulier ceux des sections affaires et santé/mode de vie, peuvent à peine suivre le rythme des informations. Ce qui est le plus exaspérant du point de vue d'un rédacteur, c'est de recevoir un appel à propos de quelque chose que notre organisation n'aurait absolument aucun intérêt à couvrir, comme les nouvelles sur les nouveaux produits. »

Beaucoup d'entre nous qui sommes dans les coulisses des relations avec les médias savent qu'avoir l'une des histoires de nos clients couvertes par La Presse Canadienne sera souvent le « Saint Graal » de notre opération média. La reprise de notre communiqué par La Presse Canadienne et par les 1 500 médias d'information imprimés, diffusés et en ligne qui s'abonnent à la PC signifie, au final, au moins 10 millions d'impressions.

Le meilleur conseil que White peut donner aux professionnels des relations publiques est « anticiper, anticiper, anticiper. Nous devons traiter avec des personnes qui, non seulement réagissent rapidement lorsque nous avons besoin d'une réaction rapide, mais anticipent que nous aurons besoin d'une réaction ou de commentaires, avant que l'événement ne se produise. Cela fonctionne lorsque les professionnels des relations publiques connaissent les nouvelles qui sont programmées pour la journée et peuvent offrir des commentaires ou de l'information le plus rapidement possible. »

Suivre les articles mis en ligne par la PC qui sont publiés par les quotidiens et distribués en temps réel par le service « Nouvelles sur commande » de la PC aidera certainement les professionnels des relations publiques à comprendre ce qui intéresse la PC et à savoir quand les clients peuvent ajouter au flux constant de nouvelles qui proviennent du siège social de la PC à Toronto et de ses sept bureaux. Pour les professionnels des RP qui sont très occupés, recevoir le fil d'actualité de la PC sur leurs appareils portables est un bon moyen de rester au courant de ce qui intéresse la PC et des nouvelles qu'elle diffuse, ce qui leur permet de réagir rapidement aux développements de l'actualité.

Il est également très important de savoir quand appeler et tenter de vendre son idée. L'ancien directeur de l'information, Mike Omelus, a déclaré qu'il prenait les appels des professionnels des relations publiques qui, savait-il, apporteraient des informations dignes d'intérêt la fois ou deux par année qu'ils le contactaient. « Les relations publiques sont essentielles pour aider les médias à faire leur travail. C'est une relation importante. Mais connaître nos besoins et ceux des autres organes de presse vous aidera à comprendre ce que nous et d'autres médias considérons comme digne d'intérêt. »

La Presse Canadienne est liée à la plus grande agence de presse au monde, l'Associated Press (AP). La PC fournit du texte, de l'audio, des photos, des graphiques et des services en ligne en temps réel aux journaux, aux diffuseurs, aux éditeurs, aux sites Web, aux opérateurs de téléphonie mobile, aux câblodistributeurs et même aux écrans d'ascenseurs et aux pompes des stations-service.

Le suivi téléphonique

Quand j'étais journaliste, la surcharge d'information était époustouflante : communiqués de presse arrivant par télécopieur, dossiers de presse par messager, articles de presse diffusés par La Presse Canadienne, tous suivis de centaines d'appels téléphoniques effectués par des personnes bien intentionnées voulant savoir si j'avais bien reçu les informations qu'elles m'avaient envoyées et si leur histoire m'intéressait. Parfois, ces appels fonctionnaient lorsque leur nouvelle était présentée sous la forme d'un court « attrape l'œil ». Parfois, je me bousculais et creusais dans la boîte de recyclage à la recherche d'un dossier de presse qui semblait intéressant après le discours de vente. Mais ce n'était habituellement pas le cas.

Et maintenant que les courriels et certains canaux de médias sociaux ont considérablement augmenté le flux d'information dans les salles de nouvelles et les bureaux des journalistes pigistes, comment faire pour qu'un simple appel de suivi se fraye un chemin à travers cette masse d'information ? Voici quelques suggestions de deux journalistes sur le terrain.

Marc Saltzman, qui est l'un des journalistes pigistes en technologie les plus performants en Amérique du Nord, tant dans la presse écrite qu'à la radio et à la télévision, reçoit environ 300 courriels par jour, mais prend très peu d'appels. Il déteste le téléphone. « Le téléphone ruine mon écriture, le courriel est beaucoup plus propice », dit-il.

Ce qui mène au premier conseil concernant les appels de suivi. Découvrez le moyen de communication préféré par le journaliste.

Les bases de données et répertoires des médias en ligne (disponibles auprès de services tels que Cision) incluent les préférences des journalistes en ce qui concerne la réception des communiqués de presse et des informations connexes. Les professionnels des relations publiques qui souscrivent à ces types de bases de données peuvent également enregistrer leurs propres notes, conseils et informations sur des journalistes ou des médias en particulier. Connaître les moyens de contact préférés par un journaliste, ainsi que toute information supplémentaire comme les délais, les préférences des articles, les connaissances technologiques, etc., peut rendre le processus de relations avec les médias beaucoup plus simple et efficace.

Saltzman souligne que les professionnels des relations publiques devraient « choisir leurs batailles » en ce qui concerne les appels de suivi. « Concentrez-vous sur les histoires importantes. » Il note également combien il est important de faire vos devoirs en tant que professionnel des relations publiques. Par exemple, ne faites pas de suivi pour une histoire qui concerne le style de vie auprès d'un journaliste qui s'intéresse aux produits technologiques.

John Valorzi, ancien rédacteur de la section Affaires à La Presse Canadienne recevait environ 200 courriels et 75 à 100 appels téléphoniques par jour lorsqu'il était en poste. Il appréciait les appels, tant que ceux-ci valaient la peine et fournissaient du contexte. « Cela ne me dérangeait pas de recevoir des appels de suivi, mais plus de la moitié étaient faits par des juniors qui me demandaient simplement si j'avais bien reçu le communiqué et non par des séniors qui étaient en mesure de débattre de manière pertinente ou de me mettre en contexte. » Valorzi souligne que deux ou trois fois par semaine, il recevait des appels de suivi de professionnels demandant si un communiqué nous intéressait, alors qu'il avait déjà été diffusé sur le fil de La Presse Canadienne trois ou quatre heures plus tôt. Surveillez le fil de presse de la PC avant d'appeler!

Il recommande également d'inclure des données qui rendent une histoire digne d'intérêt.

Par exemple, si un produit est lancé, combien d'emplois créera-t-il ? Combien d'argent sera dépensé pour la construction de la nouvelle usine ? Ce sont des informations complémentaires qui intéresseront des journalistes comme lui.

Et il nous rappelle de faire une analyse rétrospective des histoires qui ont bien décollé. « Avait-on inclus des informations quantifiables et distinctives qui ont propulsé le communiqué au-delà d'un simple communiqué de lancement de produit ? Avant de se faire appeler 100 fois, le professionnel des relations publiques doit comprendre que le contenu est roi. »

Faire en sorte que votre vidéo fonctionne

Pendant des décennies, la télévision a été parmi les médias d'information les plus puissants et les plus fiables. Pour qu'une nouvelle qui n'est pas d'actualité soit abordée dans un journal télévisé, vous devez suivre une règle primordiale: *avoir des images animées.*

Dans les marchés de l'information surchargés comme c'est le cas de Toronto, il est très difficile d'obtenir qu'un vidéaste ou une caméra soit assigné pour couvrir votre nouvelle. Si vous avez de la chance, vous obtiendriez une ou deux caméras pour couvrir votre événement d'actualité, ce qui laisse encore trois ou quatre stations (sans inclure les réseaux) qui ne couvriront pas votre nouvelle, car elles ne seront pas sur place avec une caméra.

Les professionnels des relations publiques peuvent maximiser leur impact télévisuel en investissant dans la vidéo et en embauchant une équipe de vidéastes spécialisés pour l'actualité.

Conseils pour la vidéo

- Embauchez un vidéaste expérimenté dans la couverture de nouvelles et membre d'une association professionnelle reconnue – un vidéaste spécialisé dans les mariages ne conviendra pas!
- Filmez en haute définition.
- Les séquences doivent être montées, accrocheuses et livrées en temps opportun.
- Ne filmez pas que des plans, filmez des séquences; racontez l'histoire.
- Produisez une liste de plans à utiliser comme guide approximatif.
- Prévoyez du temps pour ajuster l'éclairage pour les séquences.
- Filmez comme le ferait un vidéaste d'une chaîne de nouvelles – ne faites pas en sorte que ça ait l'air trop arrangé.
- Gardez la vidéo divertissante sur le plan visuel.

- Travaillez avec le caméraman ou le producteur pour conserver les meilleurs plans et séquences.
- Embaucher une entreprise de mise en scène lorsqu'il s'agit d'un événement d'actualité afin que l'éclairage, la signalisation en toile de fond et les flux audios soient tous présents et que tout fonctionne.

La distribution de la vidéo dépend du budget et de l'échéancier. S'il s'agit d'une nouvelle d'actualité importante, avec un échéancier serré, privilégiez la livraison par messagerie des bandes. Si elle concerne un marché unique, la livraison pourra être faite par satellite, et si elle présente un intérêt national, l'utilisation de services de téléchargement en ligne, tel que Hightail, sera nécessaire.

Assurez-vous que des informations concises et imprimées accompagnent la vidéo et assurez-vous que l'extrait vidéo ne soit pas trop long – idéalement moins de dix minutes. Les chaînes de télévision n'ont pas le temps de parcourir de longues bandes! Vérifiez les exigences de soumission, car de nombreuses salles de nouvelles télévisées sont entièrement numériques.

Ces conseils sont également valables pour la vidéo Web qui est très demandée ces jours-ci, car les médias imprimés commercialisent leurs éditions en ligne et utilisent la vidéo Web sur leurs sites. Internet devient un « support de diffusion », avec des images animées, contrairement à sa tradition d'être un support d'impression, avec du texte et des images fixes. Deux fournisseurs de services pour la vidéo Web sont La Presse Canadienne Images et News Canada.

Faire en sorte que vos photos de RP fonctionnent

L'un des outils les plus efficaces pour obtenir une couverture médiatique positive demeure les photos.

Qu'elles soient destinées aux journaux communautaires ou aux grands quotidiens, les photos de relations publiques utilisées par les publications peuvent transmettre avec force le message de votre organisation. Mais il y a à la fois un art et une science qui se cachent derrière la photo d'actualité.

Ron Welch, directeur général de La Presse Canadienne Images, une division de la PC, affirme que « les éditeurs connaissent la valeur des bonnes images; elles attirent l'attention des lecteurs, font vendre des articles et peuvent contribuer, ou au contraire, nuire à vos chances de faire passer votre message. »

Welch, qui travaille dans le domaine de la photo depuis 30 ans, propose 10 conseils pour aider les communicateurs à tirer le meilleur parti de leurs photos d'actualité.

Les 10 conseils de Ron Welch pour des photos de relations publiques efficaces

1. Embauchez un photographe ayant de l'expérience éditoriale. Ils comprennent ce que les éditeurs de photos recherchent et fourniront des images dans le bon format numérique, aux couleurs corrigées et prêtes à l'emploi.
2. Les bonnes photos se distinguent et sont en quelque sorte inhabituelles.
3. Une bonne photo montre de l'action.
4. Des photos fortes dépeignent les gens et font appel aux émotions.
5. Elles sont toujours en lien avec une personne, un événement ou un lieu importants.

6. La photo doit résumer une histoire et en donner une vue d'ensemble.
7. Souvenez-vous du contexte; les photos d'actualité qui sont excellentes sont liées à une histoire actuelle, à la saison, à la météo, ou à une mode.
8. Les grands espaces vides doivent toujours être évités dans les photos d'actualité. Le cadre entier doit contenir des informations utiles.
9. Les photos de groupe debout, à moins d'être remplies de VIP, ne fonctionnent pas.
10. Le format numérique de choix est 8x10, 300 dpi, JPEG.

Les photos de relations publiques peuvent être distribuées de plusieurs façons, notamment par le biais de fils de presse payants, tels que Cision et la PC elle-même, ou directement aux éditeurs de photos par courriel. Cette dernière tactique de distribution ne doit pas être négligée, car certains journaux communautaires et petits quotidiens ne sont pas abonnés à des fils de presse payants, et ont tendance à être de grands utilisateurs de photos fournies par les relations publiques, en particulier celles qui couvrent des personnes ou des événements locaux. Assurez-vous que vos légendes ne dépassent pas 50 mots!

Événements médiatiques: maximiser la présence et la couverture médiatiques

Alors que les médias sont de plus en plus saturés d'information, en particulier dans les grands centres d'information comme Toronto ou Montréal, les journalistes ont de plus en plus de mal à assister aux événements médiatiques.

Voici pourquoi :

L'arrivée de l'électronique dans les salles de nouvelles a permis à un effectif réduit de couvrir plus de territoire, en raison de la concentration des informations dans les bases de données et de la pléthore de services de fils de presse internes et externes. L'adoption généralisée du courriel augmente le débit d'information. Travaillant dans des délais très courts, la plupart des journalistes hésitent à quitter leur bureau pour couvrir une histoire.

Comme nous l'avons noté précédemment, le cabinet de recherche Ipsos Reid a constaté, en 2005, que les journalistes d'affaires recevaient environ 150 communiqués de presse par semaine, dont seulement 18 % étaient utilisés. Comme vous pouvez l'imaginer, la quantité d'information reçue n'a fait qu'augmenter depuis.

Votre tâche, en tant que spécialiste des relations avec les médias, est de rendre votre histoire aussi facile à digérer que possible et facilement accessible par communications électroniques. Lorsque votre histoire est très visuelle grâce à la présence de porte-paroles célèbres, ou d'un lieu spécial ou d'une géographie particulière, planifiez votre événement en tenant compte des éléments suivants:

- Soyez au fait de ce qui se passe avant de choisir la date et l'heure — faites attention aux nouvelles et aux événements prévus à l'avance. La Presse Canadienne offre un accès en ligne à son calendrier d'événements qui est consulté par les quotidiens.

- Privilégier le centre-ville, afin d'être aussi près que possible des médias.
- Privilégier la fin de matinée ou le début d'après-midi pour permettre aux médias de s'y rendre après leur réunion du matin et avant leur heure de tombée de fin d'après-midi.

Tirez profit des visuels en embauchant votre propre photographe et/ou vidéaste

Embaucher un photographe/vidéaste vous permet de fournir des images prêtes à l'emploi aux médias ou de les publier en ligne pour que les journalistes qui ne peuvent pas assister à votre événement puissent y accéder. Avoir vos propres images vous permet également de documenter l'événement à votre manière et fournit un dossier d'archives permanent à titre de référence. Votre organisation est également propriétaire du travail! Embaucher quelqu'un en qui les médias ont déjà confiance, peut-être un pigiste qui travaille pour un fil de presse ou une organisation médiatique. Par exemple, la division Images de La Presse Canadienne, que j'ai déjà mentionnée, se spécialise dans la capture de photos « de style journalistique » qui correspondent à ce que veulent les médias. Les services fournis par des sociétés réputées et de confiance, tels que le service de Photos de La Presse Canadienne, peuvent servir de police d'assurance dans les cas où seuls quelques représentants des médias se présentent (voire aucun), ou peuvent permettre d'étendre la couverture médiatique d'un événement.

La rapidité est essentielle. Vous devriez avoir remis aux médias les photos et les vidéos finales avant 15h30 ou 16 h au plus tard. Faites-leur savoir de vive voix et par courriel que le tout s'en vient. Lors de l'événement lui-même, essayez de créer un superbe cliché. Faites confiance au photographe que vous avez embauché, il connaît son métier. Déposez la photo choisie sur un fil de presse payant. Écrivez une légende courte et digne d'intérêt. Préparez une version électronique à envoyer par courriel aux médias qui le souhaitent et déposez la photo sur une URL pour permettre un téléchargement facile et libre-service.

Faites tourner une vidéo haute résolution et, si vous avez le budget et le temps, éditez-la correctement et remettez-la entre les mains des médias avant l'heure de tombée de 16 h. Ayez une copie papier du contenu de la vidéo pour l'accompagner et, idéalement, une clé USB contenant l'intégralité du dossier de presse en version électronique. Assurez-vous d'avoir de bons extraits de tous les porte-paroles impliqués, de capturer l'ambiance de l'événement, d'inclure un son brut (naturel) et que la vidéo soit courte – moins de 10 minutes.

Les bénéfices liés aux événements médiatiques vont au-delà du fait de générer de la couverture médiatique. En effet, vous pouvez organiser des événements auxquels participent des clients et/ou des employés. Il y a toujours l'effet intangible d'un événement médiatique réussi; cela remonte le moral au sein d'une entreprise. Il n'y a rien de plus excitant pour des employés que de voir leur entreprise présentée dans les médias sous un jour positif. Et les bonnes nouvelles peuvent grandement aider les RH à promouvoir un environnement de travail sain.

Créez une section « Médias » sur votre site Web

Les sections médias des sites Web sont l'occasion, pour une organisation, de fournir aux médias une plateforme multimédia facile à utiliser pour diffuser de l'information concernant l'organisation et ses nouvelles.

La « salle de nouvelles » d'un site Web, un terme qui semble être de plus en plus utilisé par le grand public, devrait contenir ces informations dans au moins deux formats faciles à télécharger, soit Word et PDF. Les médias d'information ont déjà peu de temps et *n'ont* certainement *pas* le temps de chercher des informations, de faire du copier-coller ou de reformater les informations qu'ils ont l'intention d'utiliser dans un article.

« Souvent, lorsque nous avons des dates de tombée à respecter, nous avons de l'espace à remplir et avons besoin de ces documents plus rapidement que les contacts RP ne peuvent nous les fournir », explique Gordon Brockhouse, ancien rédacteur en chef du magazine *Here's How*. « Cela arrive souvent après les heures normales de bureau. L'entreprise qui nous facilite la tâche en mettant à disposition des informations et des images en ligne est celle qui obtiendra l'espace. »

La « salle de nouvelles » du site Web devrait au minimum contenir également des photos haute résolution (8x10, 300 dpi). Les MP3 sont une autre source d'information, principalement pour la consommation de nouvelles radiophoniques, faciles à capturer et à placer, à peu de frais, dans la salle de nouvelles du site Web.

N'oubliez pas que la vidéo Web est également un bon outil éducatif. « Il est peu probable que j'utilise moi-même une vidéo, mais je vais souvent sur un site Web pour en savoir davantage sur certains sujets, en utilisant les archives vidéo », explique Liz Campbell, rédactrice et éditrice culinaire. « Je trouve que j'apprends plus rapidement avec du contenu audio et visuel qu'avec la lecture. »

Campbell note également que la section médias devrait être facile à trouver sur le site Web. Le bouton de lien vers la salle de nouvelles doit être affiché bien en évidence, par exemple à l'extrême gauche de la page Web, soit la même position que les journalistes sont habitués à considérer comme détenant les informations les plus importantes sur une page imprimée.

Le contenu de la salle de nouvelles ne doit pas seulement être en format multimédia avec des textes faciles à télécharger, des images fixes et des vidéos, mais doit également être de nature brève et inclure une série de fiches d'information et de citations. Des pièces plus longues peuvent également y être conservées, telles que des livres blancs, des discours et des rapports annuels. Au fil du temps, un lot important d'archives peut être construit.

Beaucoup de temps et d'argent sont consacrés à la conception de sites Web, mais une enquête sur les sections médias des sites Web a démontré que cette section ne reçoit pas suffisamment d'attention.

Les journalistes ont besoin d'un accès 24h/24 et 7j/7 à la salle de nouvelles du site Web, alors sécuriser cette section avec un mot de passe peut être problématique, à moins que cela ne fonctionne très rapidement et de manière transparente. Tout en comprenant que cette tactique contribue au processus de suivi de la couverture médiatique, de nombreux journalistes interrogés ne l'apprécient pas et trouvent le processus envahissant et long. Seules des informations publiques devraient être conservées dans la salle de nouvelles d'un site Web, donc un mot de passe peut être contre-productif.

Le paradigme de l'évaluation des relations avec les médias – Recherche d'un outil crédible

L'évaluation de la couverture médiatique a toujours été problématique. La crédibilité a toujours été à la merci de tous les nombreux paradigmes utilisés pour en calculer la portée et la qualité.

Après quatre ans de développement sous la direction de Tracey Bochner, son groupe formé de spécialistes des relations avec les médias provenant d'agences, de l'industrie et du côté client, a lancé le Système de pointage des relations avec les médias (en anglais, MRP), désormais appelé « Système de pointage médias », afin d'y inclure le concept de PGPD (PESO), en partenariat avec la Société canadienne des relations publiques (SCRP).

Pour comprendre la valeur de ce modèle de mesure des relations avec les médias, il faut regarder comment l'évaluation des relations avec les médias a été menée par le passé.

Généralement, on commence par les chiffres reliés à l'audience. Le Système de pointage médias s'abonne à plusieurs services pour obtenir des données d'audiences tierces auditées pour la presse écrite, le Web, les blogues, la radio et la télévision. « Pour la diffusion, si vous appelez une organisation médiatique et demandez à différentes personnes qui y travaillent, à la rédaction et aux ventes, vous obtiendrez probablement des réponses différentes sur la « portée », car ces chiffres dépendent de la façon dont ce département rapporte les chiffres, ce qui pourrait être la portée totale de l'émission, l'audience d'un quart d'heure, ou même, la portée totale de la station », observe Bochner.

Le Système de pointage médias, en revanche, assure la cohérence. Le système utilise des données standardisées sur le lectorat imprimé via Vividata et fournit des données provenant des planificateurs médias qui sont souvent inaccessibles aux professionnels des RP, sauf s'ils ont le statut d'agence de publicité officielle ou sont partenaires d'une agence publicitaire. Le coût des données est modeste (et il y a un rabais pour les membres de la SCRP).

Toutes les données sur les audiences, y compris les informations des audiences des sites Web (provenant de ComScore), sont fournies par Fifth Story, qui a remporté l'appel d'offres pour le projet. « Nous sommes ravis de travailler sur ce projet et pensons qu'il est très important pour les clients d'avoir un modèle commun de mesure des relations avec les médias », a déclaré Ruth Douglas, ancienne PDG de Fifth Story.

Ce que le Système de pointage médias ne fait pas, c'est de fournir des équivalences publicitaires, et ce, à juste titre. Ce type de mesure pose plusieurs problèmes. Premièrement, le contenu éditorial ne peut pas être acheté et ne peut donc pas avoir d'équivalence publicitaire. Comme le dit Bochner : « Vous ne pouvez tout simplement pas acheter de la couverture médiatique ! » Deuxièmement, le contenu éditorial a souvent le pouvoir de générer beaucoup plus de bouche-à-oreille que la publicité. Bochner ajoute : « Vous ne pouvez pas acheter d'espace sur la première page, au-dessus du pli, alors comment mesureriez-vous cela par le biais des équivalences publicitaires ? Cela n'a aucun sens. »

En résumé, le système MRP fournit un score basé sur des critères normalisés qui intègrent également le ton. Le ton et les pointages génèrent une note globale en pourcentage. « Dans les tests que nous avons effectués à ce jour avec nos clients, nous considérons que l'obtention d'une note de 75 % ou plus est une bonne campagne », explique Bochner. Le système établit également un coût par contact (c'est là que les données d'audiences standardisées deviennent utiles), « afin que nos clients puissent démontrer le retour sur investissement à leurs parties prenantes et évaluer le succès d'un programme par rapport à d'autres campagnes », note Bochner.

Le proverbe de l'aiguille dans une botte de foin

La combinaison des révisions de la *Loi canadienne sur le droit d'auteur* et de la tendance des sites Web des médias d'information qui vendent des abonnements (et les silos subséquents cachés des moteurs de recherche Web et des autres services de surveillance médiatique) a fait en sorte que le suivi de la couverture médiatique ressemble parfois à la recherche d'une aiguille dans une botte de foin électronique.

« Avec les licences de droits d'auteur et les investissements dans les technologies avancées, la surveillance médiatique est devenue de plus en plus chère, » explique John Weinseis, ancien président de Bowdens Media Monitoring Ltd. (aujourd'hui Cision). « Mais les résultats se sont également considérablement améliorés en termes de vitesse et de qualité. De nouveaux services ont été développés par de nombreux participants pour fournir un produit disponible sur portail multimédia, ainsi qu'une analyse rudimentaire. La plus grande préoccupation semble être la capacité à éliminer les articles non pertinents. »

Un professionnel torontois très expérimenté et avisé utilise au moins sept services différents pour fournir à ses clients des rapports de surveillance médiatique précis, en temps opportun. Les services de surveillance médiatique ont été gênés par ces nouvelles réalités réglementaires et concurrentielles, alors qu'au moins un spécialiste indépendant des relations avec les médias pense à jeter l'éponge un jour, parce que la surveillance médiatique est devenue extrêmement longue et coûteuse.

Les agences qui ont plusieurs professionnels juniors parmi les membres de leur personnel ont certainement un avantage concurrentiel de nos jours, car elles peuvent se permettre de faire les recherches Web profondes qui prennent beaucoup de temps, effectuer elles-mêmes la lecture de journaux et l'écoute d'extraits radio et télé à l'ancienne, et pourchasser la couverture papier et électronique lorsqu'ils savent qu'elle a été publiée ou diffusée.

Comment survivre à ce cauchemar qu'est le suivi de la couverture médiatique ?

- Abonnez-vous à autant de services de surveillance médiatique que le budget vous le permet et faites tout votre possible pour obtenir un budget suffisamment important pour faire du bon travail.
- Former votre personnel à l'interne et les clients, afin de repérer et de signaler efficacement la couverture médiatique, grâce au travail d'équipe.
- Intégrez des systèmes pour assurer le suivi des médias, afin de repérer autant de couverture médiatique que possible.
- Obtenez autant de listes de compétiteurs que vous le pouvez.
- Abonnez-vous à tous les médias clés couvrant l'industrie du client.
- Intégrez délibérément des mots clés et des citations nommées spécifiquement dans les communiqués de presse, pour faciliter le repérage électronique de la couverture médiatique.
- Embauchez autant de personnes de moins de 25 ans connaissant le Web que possible.
- Suppliez chaque journaliste qui a promis une couverture de vous envoyer des extraits papier, des MP3, des MP4 et des DVD, donnez-lui les numéros de compte de votre service de messagers pour qu'il les envoie gratuitement et faites-lui parvenir de nombreux remerciements en guise de récompense.

Corriger les informations erronées

Souvent, exiger une correction ou des excuses attirera l'attention sur des informations erronées que les lecteurs n'avaient peut-être pas vues en premier lieu, causant plus de mal que de bien.

Assurez-vous donc qu'il est vraiment primordial de corriger l'information erronée. Les citations erronées ne valent souvent pas la peine d'être corrigées si le seul problème est qu'elles ne sont pas textuelles. Si le prix du produit n'est pas exact et diverge seulement de quelques dollars, pourquoi déranger le journaliste qui l'a arrondi ?

Cependant, s'il y a une erreur factuelle flagrante, collaborez directement avec le journaliste pour la corriger dans la base de données du média. Si vous ne pouvez pas faire corriger la situation de cette façon, contactez le rédacteur en chef du média de ce journaliste/chroniqueur. Ne vous laissez pas emporter et n'allez pas voir immédiatement son supérieur.

Les informations peuvent se propager très loin et vous voulez donc que l'erreur soit corrigée à la source. Mais ne le faites que si c'est vraiment important! N'exigez pas un avis de correction qui sera probablement enterré à la page 150. Mais assurez-vous que les archives publiques, souvent sur le Web, affichent la bonne information.

Médias sociaux: êtes-vous un *Cybersaur* ?

Cybersaur est un terme que j'ai officiellement inventé dans le *Toronto Star* en 2010. Il signifie, ironiquement, ceux qui communiquent uniquement par courriel.

On me demande constamment, lorsque je développe des notes d'allocution et des conférences, d'aborder les relations avec les médias et les médias sociaux.

Tout d'abord, ce sont deux disciplines distinctes. Étant donné qu'on ne sait toujours pas si ce sont les relations publiques qui finiront par être responsables des médias sociaux, ou si cette discipline tombera entre les mains des communicateurs marketing, telles que les agences de publicité, ou si elle se taillera sa propre niche, au sein ou en dehors des services clients, elle n'est pas incluse dans le graphique de la page 3.

Il existe également d'autres considérations sémantiques.

Tout d'abord, de nombreux professionnels des relations avec les médias pratiquent les tactiques de médias sociaux depuis des années, si on pense à la définition large du terme qui englobe la vidéo Web, l'audio, les pages Web interactives et les salles de nouvelles sur le Web.

Et beaucoup communiquent réellement avec des journalistes par les médias sociaux, tels que Twitter, Facebook et LinkedIn.

Toutefois, la plupart des membres des médias que j'ai consultés de manière informelle préfèrent toujours recevoir nos nouvelles par courriel.

Le phénomène des médias sociaux ronge assurément le bien le plus précieux d'un journaliste : son temps. Beaucoup passent maintenant plusieurs heures par jour à communiquer avec leur public par les médias sociaux. Donc, ajouter ce canal à notre amalgame de moyens de faire parvenir l'information aux médias, en plus des courriels, des fils de presse payants, de la poste, et bien sûr, des appels téléphoniques n'est peut-être pas la meilleure idée qui soit. Cependant, comme indiqué précédemment dans ce livre, découvrez ce que veulent les journalistes que vous ciblez et comment ils veulent le recevoir!

Il y a eu une vaste migration des fonds publicitaires des médias traditionnels (versions imprimées, diffusées et électroniques) vers les médias sociaux.

Il y a également eu une répression contre la pratique qui consiste à payer pour obtenir du contenu favorable dans divers blogues ou autres sites. D'un point de vue éthique, cela pose d'immenses problèmes aux professionnels des relations publiques. En résumé, si l'endossement « payé » d'un produit ou d'un service n'est pas totalement clair, par l'affichage, bien en évidence, de l'étiquette « contenu commandité » ou un autre de ces descripteurs, ce contenu sera considéré comme étant contraire à l'éthique, en plus d'être illégal au Canada et dans certaines autres juridictions. Assurez-vous que vous connaissez le Code d'éthique professionnelle de la SCRP, qui se trouve sur le site Web de la SCRP, et qui stipule que: « les membres ne doivent accepter personnellement, pour leurs services professionnels, ni honoraires, ni commission, ni gratification, ni autre considération de quiconque, sauf des employeurs ou clients à qui ils ont effectivement rendu de tels services » (www.scrp.ca).

Construire deux bancs avec le même bois

Une dernière note sur la stratégie.

La pratique des relations publiques s'apparente souvent à l'assemblage d'un casse-tête. C'est à nous de mélanger de manière proactive, subtile et, souvent, presque invisiblement les opportunités et les problèmes d'une organisation pour en faire une pièce attrayante pour un ou plusieurs des publics de notre organisation.

Les RP ne sont pas une science exacte. En fait, ce n'est pas du tout de la science. C'est beaucoup plus de l'art que de la science, car c'est très intuitif. Cependant, l'intuition est très difficile à vendre. C'est un excellent point de départ, mais vous aurez besoin d'une structure stratégique formelle non seulement pour « vendre » le programme ou la campagne, mais aussi pour faire passer des messages-clés par les journalistes et les médias.

Pour que les relations publiques fonctionnent, elles doivent être très stratégiques et, à bien des égards, la plus stratégique de toutes les disciplines de la communication marketing. La recherche est l'un des principes fondamentaux d'une pratique moderne efficace des relations publiques. La recherche peut, en particulier, vous permettre d'identifier le public cible d'un programme ou d'une campagne, fondement absolument crucial de la stratégie, ou, si vous acceptez la métaphore, le cadre à utiliser dans la construction de votre banc, c'est-à-dire le cadre stratégique pour toutes les communications marketing.

Les professionnels peuvent ensuite créer des planches pour ce banc pour chaque discipline de la communication marketing, telles que les relations publiques (bien sûr), la promotion des ventes, les commandites, la publicité, le site Web et toute autre communication électronique. La puissance des communications intégrées peut alors se manifester. Votre public cible a ainsi un endroit commun pour s'asseoir et absorber le message.

C'est ce que j'appelle « construire deux bancs avec le même bois ». Comme passe-temps, j'ai construit des bancs. Et lorsque le temps le permet, je m'assois sur ceux-ci pour penser à mes clients et à mes étudiants, et aux façons dont je peux constamment améliorer ce que je fais et comment je le fais. J'appelle cela « l'heure du banc ».

Cette métaphore peut également être appliquée tactiquement, en particulier dans les périodes de récurrence budgétaire restreintes. Les professionnels peuvent rechercher des opportunités de combiner un certain nombre de tactiques pour atteindre des objectifs communs, par exemple, lancer trois produits ensemble au lieu d'un, ou atteindre des objectifs de communication externe et interne en même temps.

Enfin, « construire deux bancs avec le même bois » est un excellent équivalent du vieil adage qui parle de faire d'une pierre deux coups!

Remerciements

Il y a beaucoup de personnes que j'aimerais remercier, non seulement pour cette édition avec la Centennial Press, bravo notamment à David Stover et Dean Nate Horowitz, mais également les nombreuses personnes qui ont participé aux première et deuxième éditions. Je suis très reconnaissant envers la Centennial Press grâce à qui une troisième édition de ce livre a pu être publiée, encourageant ainsi une presse progressiste.

J'aimerais d'abord remercier Bill Carney qui m'a rencontré lors de la première ébauche de ce livre et m'a encouragé à le publier. Je l'ai écrit comme un complément à son ouvrage *In the News*, dont je suis coauteur de la troisième édition (University of Alberta Press). Bill m'a également donné l'occasion d'écrire un chapitre dans son ouvrage *Fundamentals of Public Relations and Marketing Communications* (Fondements des relations publiques et des communications marketing, également publié par la University of Alberta Press). Il a été pour moi un mentor depuis de nombreuses années et a gracieusement rédigé la préface de cette édition.

J'aimerais aussi remercier Daniel Granger qui a été l'un de mes premiers collègues à réviser cet ouvrage. Il a soutenu mon projet de livre en anglais et en français et il m'a conseillé dans ma carrière depuis de nombreuses années. Il est le quatrième professionnel en communication et membre de la SCRP qui est membre de l'Ordre du Canada. J'apprécie son soutien, son engagement à l'égard des personnes qui présentent une déficience intellectuelle comme ma fille Maggie, et son amitié depuis toutes ces années.

Je veux aussi exprimer ma gratitude à l'égard de tous les clients qui m'ont permis d'utiliser du matériel qui les concerne dans la rédaction de ce livre. Chaque client avec qui je travaille m'apprend quelque chose de nouveau, certains plus que d'autres, et pour cet apprentissage, je leur suis très reconnaissant. Merci à Bryan Asa, Scott Bierwiler, Knut Brundtland, Janet Culliton, Peter Joe, Kevin

Kelly, SJ, David Prosser, Barry Richler, Erik Sorensen, SJ et Filomena Williams.

Beaucoup de mes collègues et amis en relations publiques, en journalisme, en design, en droit et en comptabilité ont également été d'une grande aide. Je souligne notamment Colin Babiuk, Ira Basen, Patrick Blake, Tracey Bochner, Gordon Brockhouse, Jennifer Cruxton, Karen Dalton, Ruth Douglas, feu Steve Dekter, Anne Galt, Richard Harlow, Todd LaVigne, Christina Marshall, Dom Mastropietro, Larry O'Donoghue, Mike Omelus, Derrick Pieters, Ian Ross, Marc Saltzman, John Valorzi, Ron Welch, John Weinseis, et Scott White.

Mes remerciements particuliers à Charlotte Blanche et Daniel Granger qui ont piloté l'adaptation de ce livre en français. Merci aussi à Stella Leney pour sa relecture attentive de la version française.

Enfin, je tiens à remercier mes étudiants des dernières années, autant ceux du milieu académique que ceux en entreprise, dont beaucoup ont soutenu ce livre avec des commentaires positifs qui nous permettent de continuer à avancer dans cette jungle des relations publiques! Ce livre est pour vous, de même que pour le développement des connaissances en relations publiques au Canada, afin de permettre aux prochaines générations de professionnels des relations publiques de faire mieux, ce qui est impératif pour maintenir la merveilleuse démocratie que constitue le Canada.

À propos de l'auteur

Mark Hunter LaVigne, MA, ARP, FSCRP, connaît bien les deux côtés de la « barrière de presse ». Durant les cinq années précédant sa carrière en relations avec les médias, il était journaliste à la radio nationale et, depuis 1990, il a travaillé dans des agences de relations publiques, dont sa propre agence de relations avec les médias et de formation médiatique.

Après avoir obtenu une maîtrise ès arts en journalisme à la *Graduate School of Journalism* de l'Université Western Ontario, Mark a travaillé comme journaliste radio à Calgary, Edmonton et Toronto. Avant UWO, il a obtenu un baccalauréat ès arts avec spécialisation en communications de masse et en anglais à l'Université York à Toronto. Il a fréquenté une école secondaire jésuite avant cela, également située à Toronto.

Il est membre primé et accrédité (ARP) de la Société canadienne des relations publiques (SCRP), membre du College des Fellows (FSCRP), ancien président de la SCRP (Toronto) et ancien vice-président du Conseil national de la SCRP.

Il a remporté plusieurs prix, dont des prix ACE de la SCRP de Toronto pour Crossled, Pete's Tofu et le Pèlerinage canadien en canot, ainsi qu'un prix d'excellence national de la SCRP pour le Pèlerinage canadien en canot.

Il a souvent assisté ou participé, en tant que conférencier, à des conférences et à des ateliers, et a enseigné dans les programmes de relations publiques à l'Université Ryerson, à l'Université Western, à Seneca à York, au Centennial College et au Humber College.

Dans ses temps libres, il aime jouer de la guitare et de l'harmonica, écrire des chansons, les enregistrer, faire des performances musicales, la photographie, faire du canot et faire de la randonnée dans son parc Algonquin bien-aimé, travailler avec du bois, construire des bancs et d'autres meubles de patio, ainsi qu'assembler (jusqu'à maintenant) une guitare.

Père de quatre enfants, il vit à Aurora, en Ontario, depuis de nombreuses années.

www.ingramcontent.com/pod-product-compliance
Lightning Source LLC
Chambersburg PA
CBHW071225210326
41597CB00016B/1951